◎ 江苏区域协调与发展特色研究丛书

江苏区域城乡统筹的模式和差异

吴进红 著

南京大学出版社

《江苏区域协调与发展特色研究丛书》

总　序

　　江苏是具有较强全国代表性的区域经济发展不平衡的地区。作为东部经济较发达省份，与全国东部、中部、西部发展具有明显的梯度特征相似，江苏一个较为突出的现象就是存在着较为突出的区域差异，即苏南、苏中、苏北三大区域板块之间经济发展差距较大，几乎是我国东、中、西部经济发展水平的缩影。

　　虽然地区经济的非均衡发展是经济发展过程中的一种普遍现象，但也在一定程度上影响区域和谐稳定。为促进江苏区域协调、持续、健康发展，根据区域经济发展梯级差异显著的具体省情，历届江苏省委、省政府在做好区域功能定位的同时，积极加大统筹力度，高度关注并千方百计推动区域发展。早在 1984 年省第七次党代会就提出了"加快发展苏北，积极提高苏南"的方针，1994 年省第九次党代会明确了"没有苏北的小康就没有全省的小康，没有苏北的现代化就没有全省的现代化"的战略思想，把区域共同发展作为三大发展战略之一。世纪之交，省委、省政府进一步提出"苏南提升、苏中崛起、苏北振兴"的区域协调发展战略，省"十一五"规划确立了"提升苏南发展水平，促进苏中快速崛起，发挥苏北后发优势"的分类指导方针。省委、省政府将区域协调发展确立为"十二五"发展战略目标，提出"把区域共同发展战略深化为区域协调发展战略，构建三大区域优势互补、互动发展机制，逐步缩小区域发展差距，全面提升区域协调发展水平"。2011 年 11 月，省第十二次党代会上罗志军书记强调："支持苏中加快崛起，更大力度推进江海联动开发和跨江合作开发，促进苏中尽快融入苏南经济板块。"省委、省政府积极探索区域协调发展的新途径、新模式，相继出台了一系列加快区域协调发展的政策措施,在扶持苏北产业发展、促进对内对外开放、推动苏南苏北合作等方面发挥了重要作用,在促进区域协调发展尤其是苏北地区振兴发展方面取得了重要突破和明显成效,形成了江海联动、南北呼应,三大区域优势互补、竞相发展的格局,为全省经济社会全面发展增添了新动力。

扬州大学作为江苏省属重点综合性大学,是全国率先进行合并办学的高校,具有学科门类齐全、多学科交叉融合的显著特点。学校以人文社会科学中的经济学、管理学、法学、社会学和教育学等学科为主体,同时积极与自然科学中的工学、农学和医学等学科交叉整合,围绕江苏区域协调与发展这一主题,凝练研究领域和方向,建设研究平台和科研团队,积极开展研究工作,大力推进产学研合作。1997年,经江苏省哲学社会科学规划办、江苏省教育厅批准,学校成立"苏中发展研究院",以促进江苏区域协调发展为目标,围绕苏中发展中的全局性、综合性、战略性问题,向地方征集重大选题,由校地专家合作攻关开展理论和应用研究。依托"苏中发展研究院"建设的以提升合作研究手段为目的的实验平台,获得中央财政专项资金资助。2009年起,学校创立"苏中发展论坛",作为发布江苏区域协调发展研究成果的重要平台。2013年,"苏中发展研究基地"被江苏省哲学社会科学界联合会确定为江苏省决策咨询研究基地,重点研究苏中发展问题。

在江苏省人民政府的重点支持下,学校从"九五"开始启动参照"211工程"项目建设以来,前后三期建设都将地方经济社会发展、地方文化传承与创新等重大课题纳入项目建设总体规划。特别是在"十一五"参照"211工程"项目第三期建设中,学校将"江苏区域协调与发展特色"作为重点研究项目,划拨重点建设经费,组织精干科研团队,针对江苏区域经济协调发展与管理现代化、扬州地方文化的传承和发展等两大方向,从开发区管理、服务转型、地方治理与制度创新、人力资本利用、外资利用、金融创新、产业结构转型、城乡统筹、法制建设、地方文化的保护挖掘和传承发展等视角,就江苏经济、文化和社会的区域协调发展进行了专项研究,产生了一批具有重要理论价值和实践意义的研究成果,可望为推动江苏区域协调与发展提供积极有效的理论支持、决策参考和实践范式。

在《江苏区域协调与发展特色研究丛书》即将付梓之际,我们谨向关心支持"江苏区域协调与发展特色"重点研究项目的江苏省教育厅、江苏省财政厅的各位领导,为各子项目顺利结题付出辛勤劳动的所有专家学者,给予丛书出版以鼎力相助的南京大学出版社表示诚挚的谢意!

扬州大学《江苏区域协调与发展特色研究丛书》
编辑委员会
2013 年 10 月

目　　录

1

前　言

城乡统筹协调发展是经济社会转型发展的需要,是解决"三农"问题的必然选择,是区域全面协调发展的必然要求。城乡协调发展有利于城乡之间资源的优化配置,提高经济运行效率,维护社会的稳定、健康、协调发展,加速小康社会及社会主义现代化建设的进程。"十二五"规划提出统筹城乡发展规划,促进城乡基础设施、公共服务、社会管理一体化。

江苏省经济高速发展的同时,区域间差距、城乡间差距较为显著,江苏省发展差异主要由三大区域间发展差异引起的。为解决长期困扰江苏省经济发展过程中的"三农"问题,提高江苏省经济社会发展水平和质量,缩小城乡差距,促进江苏省协调可持续快速发展,必须缩小江苏省三大区域间发展差异。要缩小江苏省城乡经济水平、基础设施及公共服务等方面的差距,实现城乡优势互补,共同发展,共同繁荣,统筹城乡发展是必需之选。

研究城乡统筹发展对江苏省经济社会的全面发展以及整个长江三角洲的起飞具有重要的战略意义。"十二五"时期是江苏省经济社会发展全面提速、小康社会建设全面推进的机遇期,江苏省将迎来城乡协调发展新纪元。如何缩小城乡差距,更好更快地实现城乡统筹协调发展,是推进江苏经济社会协调发展过程中亟待解决的问题。本书的研究目的是通过分析江苏省及三大区域统筹城乡发展的动态变化趋势,找出影响统筹城乡发展的因素,并结合国内外典型国家及城市的城乡统筹发展的先进经验,明确江苏省城乡统筹发展的思路及路径,为江苏省城乡统筹发展提出合理的政策建议,以此缩小区域间差距、城乡差距,促进城乡统筹协调发展,最终实现城乡一体化。

本书主要由三大部分组成。第一部分,研究统筹城乡发展相关理论及我国城乡关系发展进程。界定城乡、城乡关系概念,理解把握城乡二元结构、城乡一体化、城乡统筹、三农问题等的内涵;对马克思、毛泽东、邓小平、胡锦涛的城乡统筹发展思想进行梳理;研究城乡统筹发展的内在机理;确定影响统筹城乡发展的社会、经济、政治因素。

第二部分梳理我国城乡统筹发展的阶段。对江苏省及三大区域城乡统筹发展进行实证分析,把握江苏省统筹城乡发展的动态变动趋势,确定影响统筹城乡发展的影响因素。在上述理论研究的基础上,运用因子分析法确定各指标的权重,利用线性加权法计算各成分得分值,运用综合评价法计算江苏省及三大区域1990—2010年间的统筹城乡值,进而对江苏省城乡统筹发展状况进行动态评价;运用灰色关联度方法对影响江苏省及三大区域城乡统筹发展的因素进行分析。

第三部分总结城乡统筹发展的经验及提出对策建议。为更好地推动江苏省城乡统筹发展,本书对发达国家、发展中国家及我国部分城市的城乡统筹做法及经验教训进行研究。研究得出的经验及启示是:发挥政府的主导作用、加大农村投入、通过立法促进城乡统筹发展、建立合理有序的农村剩余人口向城市转移机制、结合国情和实际制定适宜的政策措施、确定清晰明确的推进路径。最后提出统筹城乡发展的对策措施,一是发挥政府功能,创造统筹城乡环境;二是建设社会主义新农村;三是缩小区域差距,促进区域协调发展。

第一章 导 论

第一节 研究背景及意义

一、研究背景

在工业化、城镇化快速发展,全面实现小康社会目标的进程中,"效率"与"公平"的矛盾日益突出。在社会生产效率大幅提升的同时,收入分配出现了差距过大的现象,严重影响到社会的稳定与发展,对构建和谐社会构成了明显的制约。

启动内需,特别是启动广大的农村市场需求,是中国经济与社会健康、持续发展现实而紧迫的选择。全球性金融危机也再次警示:扩大内需是保证我国经济平稳较快增长的根本途径。因此,扩大内需,启动农村消费市场就成为当前紧迫的战略任务。而"统筹"战略方针的提出与实施充分显现了党和政府对当前国际国内形势的战略思考。统筹城乡发展,实现城乡经济社会发展一体化成为当前经济社会发展的主要任务。

改革开放以来,我国工业发展迅速,农业也取得较快发展,城乡经济社会发展取得令人瞩目的成绩,但不可否认的是目前我国的城乡统筹程度还较低。城乡分割的二元结构体制尚未从根本上改变,城乡经济仍未步入良性循环的轨道。城乡间失衡问题依然十分突出,表现为城乡差距过分悬殊。城乡差距扩大,不仅表现在城乡居民收入的差距扩大,而且表现在经济、社会、文化教育、科技、卫生、社会保障、环境等各个方面的差距都在扩大。目前,这种城乡差距已明显超出了合理的范围,不仅制约了国民经济的发展,也危及了社会稳定。农民的生活水平低于城镇居民,农村居民的医疗卫生、教育、社会保障等社会事业发展滞后。失衡的城乡关系抑制了农业的发展、农民的增收、农村的繁荣,进而影响到经济的良性发展。因此,缩小城乡经济社会发展差异促进城乡统筹协调发展是我国现代化建设进程中面临的一个严峻挑战,是全面建设小康社会过程中亟待解决的问题,也是构建和谐社会必须应对的课题。

城乡统筹协调发展有利于城乡之间资源的优化配置,提高经济运行效率,维护社会的稳定、健康发展,加速小康社会及社会主义现代化建设的进程,为此党中央高度重视城乡统筹发展问题,提出各种政策措施以促进城乡统筹协调发展。为突破城乡二元结构,破解三农难题,全面建设小康社会,党的十六大明确提出统筹城乡经济社会发展,建设现代农业,发展农村经济,增加农民收入。十六届三中全会提出"五个统筹"的改革目标,即统筹城乡发展、统筹区域发展、统筹经济社会发展、统筹人与自然和谐发展、统筹国内发展和对外开放,把统筹城乡发展放在首位致力于解决当前农业、农村及农民问题,对深化农村改革提出重大措施,为推进改革、完善农村经济体制指明了方向。十七大报告又指出科学发展观的根本方法是统筹兼顾,要统筹城乡发展、区域发展。"十二五"规划提出统筹城乡发展规划,促进城乡基础设施、公共服务、社会管理一体化。

因此,统筹城乡发展,消除城乡二元体制,是发展农村经济,缩小城乡差距,启动农村市场,实现经济社会健康、持续、和谐发展的前提和必然选择。

(一)城乡统筹发展是经济社会转型发展的需要

改革开放以来,中国经济增长迅速,取得了瞩目的经济奇迹,在国际上的经济社会地位逐步提升。进入二十一世纪,受资源短缺、环境污染、劳动力供给、技术进步等因素的制约,中国的经济发展结构亟须转型,经济发展需注重从量的增长逐渐转变为质的提升,从单一的追求经济增长逐渐转变为经济结构优化升级。为突破城乡二元结构,构建和谐社会,走新型城市化道路,需进行体制改革,促进经济的转型升级,统筹城乡协调发展。经济社会的转型主要表现在:生存型社会向发展型社会的转变、计划经济体制向初级市场经济及成熟市场经济的转变、传统农业向现代农业的转变、经济增长由粗放型向集约型的转变、经济社会发展由工业化推动向城市化拉动的转变、城乡发展由以农支工养城向以工哺农以城带乡转变、城乡社会结构由城乡分割向城乡互通最终实现城乡一体化转变。经济社会转型过程中,城乡关系及其结构的变动是其他结构变动的核心,因此正确处理城乡关系,统筹城乡协调发展,建立健全城乡统筹协调发展机制具有重要的战略意义。

(二)城乡统筹发展是解决"三农问题"的必然选择

计划经济体制下形成的城乡差别发展战略、城乡分割的二元经济结构,工业剥夺农业,城市侵蚀农村,牺牲农民利益来支持城市工商业的繁荣发展,严重阻碍了农村地区的发展。相对城市而言,我国农村、农业发展依然滞后,农业效率低,农民增收困难,"三农"问题的处理不仅关系改革开放的成败,也关系到社会主义的现代化建设。"三农"问题成为我国全面建设小康社会的瓶颈制约。城乡统筹协调发展有利于破除城乡分割的二元结构,推进劳动力的有效流动,改善农民的就业环境和条件,从根本上解决"三农"问题。

(三)城乡统筹发展是区域全面协调发展的必然要求

城镇和乡村作为不同的经济体,由于自然禀赋及其发展条件的不同,各自有自身的发展优势。对城市而言,其信息化程度高,科技先进,工业化程度高,有利于吸引人才、资本的集聚,进而促进迅速发展;但城市发展空间有限而且缺乏自然资源;农村劳动力资源以及自然资源丰富,但基础设施落后,建设资金缺乏。因此,为促进城乡间物质、资本、技术、劳动力等要素的流通,优化资源配置,应统筹城乡发展,在充分发挥各自优势的基础上,促进要素合理有序流动,缩小城乡差距,以促进区域的统筹协调发展。

(四)城乡统筹发展是促进江苏更好更快发展的必经途径

江苏省作为目前中国经济最为发达的省份之一,无论是经济发展水平还是生活消费水平等都位居全国前列,但江苏省城乡发展不平衡,城乡发展存在差距,2000—2010年间城乡居民人均收入差距总体上呈现出扩大的趋势,从2001年的3590元增长为2010年的13826元,年均增长率为14.44%;城镇居民的人均消费支出是农村居民消费支出的两倍以上,且两者的差额从2001年的2986元增长为2010年的7814元;城镇居民的恩格尔系数在30%—40%之间,而农村居民的恩格尔系数则维持在40%—50%之间。城乡居民在科教文化娱乐、基础设施、社会保障等方面也存在差距,农村教育经费缺乏而且师资力量薄弱、医疗卫生条件不足、水电交通运输等基础设施薄弱,社会保障覆盖面小且保障程度低。城乡差距在一定程度上抑制了江苏省的快速发展,只有城乡优势互补发展,实现城乡间生产要素的合理流动及优化配置,才能提高经济社会发展水平,逐步缩小城乡经济发展水平、基础设施及公共服务等方面的差距。

"十二五"时期是江苏省经济社会发展全面提速、小康社会建设全面推进的机遇期,江苏省将迎来城乡协调发展新纪元。如何更好、更快地实现城乡协调发展,是推进江苏经济社会协调发展过程中亟待解决的问题。"十二五"期间,江苏省需全面贯彻执行城乡统筹发展战略,以科学发展观为指导,转变经济增长方式,调整经济增长结构,缩小城乡收入差距,促进城乡资源的合理流动及优化配置,统筹城乡协调发展,推动江苏省持续、健康、稳定发展。

二、研究意义

本书试图在借鉴国内外学者研究的基础上,综合运用相关理论,建立指标体系评价江苏省城乡统筹协调发展情况,借鉴国内外统筹城乡发展的经验及启示,探寻统筹城乡发展的路径,以加快推进城乡一体化建设,打破城乡二元结构,让城乡居民均能享受到现代文明成果,形成以工促农、以城带乡、城乡协调发展的长效机制,促进江苏全面协调可持续发展。

具体来讲,本书的理论意义主要体现在以下几个方面:一是对城乡统筹协调发展内涵、国内外实践经验、发展思路及路径进行探讨,丰富和完善了城乡统筹协调发展的理论体系,深化了城乡统筹协调发展研究;二是构建城乡统筹协调发展评价体系,探讨评价方法,采用网络层次法对江苏省城乡统筹协调发展进行评价,考虑到了评价指标的相关性,使评价方法更为科学合理。此外,通过评价江苏省城乡统筹情况,有助于江苏省发现自身发展的优劣势,从而为地方政府及相关职能部门制定发展政策提供依据和参考;三是本研究为各地区判断自身的城乡统筹发展情况提供了分析框架,为动态评价城乡统筹协调发展情况提供了新思路。

本书的实践意义体现在:一是对城乡统筹协调发展的内涵进行了深入剖析,并探讨了城乡统筹协调发展的影响因素,以便于更好地解决统筹城乡经济社会问题;二是目前江苏省城乡差距有扩大的趋势,本书通过对城乡统筹协调发展情况的动态演变进程进行研究,致力于为缩小江苏省城乡差距,破除城乡二元结构,实现城乡一体化提供参考;三是通过对比国内外城乡统筹进程,借鉴其先进经验,这不仅对江苏省城乡统筹发展具有借鉴意义,同时还为全国建立以城带乡、以工促农、统筹城乡发展的机制提供依据。

第二节　国内外研究现状及述评

一、国外相关研究现状及述评

城乡关系是一个国家社会经济的基本关系,如何协调处理好它们之间的关系,涉及到一个国家社会经济发展最基本的战略选择。自古以来,有关城乡关系和城乡统筹发展的问题一直是学术界关注的重点领域,不同领域的研究者从不同角度考察了发达国家、发展中国家及地区在不同发展阶段的城乡发展和统筹协调问题,业已形成了相当丰富的研究结论。

（一）国外相关研究

1. 城乡二元结构研究

20世纪50年代,发展中国家的城乡二元结构引起学术界的广泛关注,不同学科领域中的学者从不同的视角探讨城乡二元结构的特征和形式、二元结构形成的原因及其转换路径,提出了多种城乡二元结构理论。主要有刘易斯(Lewis,1954)、费景汉和拉尼斯(John. C. H. Fei,Ranis,1961)、乔根森(D. W. Jogenson,1967)、迈因特(Mint,1985)的二元经济论,佩鲁(Pelu,1950)的增长极理论、缪尔达尔(Myrdal,1957)的循环累积因果论、赫希曼(Hirschman,1958)的不平衡增长论、弗里德曼(Friedman,1973)的中心—外围理论等非均衡发展的二元空间结构理论。

最先提出二元经济模型的是刘易斯,刘易斯(Lewis,1954)在《劳动力无限供给下的经济发展》中提出"二元经济"模型,并对城乡关系进行了研究,研究认为传统部门劳动力供给构成了二元经济的内在特征,二元经济的核心是传统部门剩余劳动力向现代部门转移。即通过现代工业发展,工业部门吸收农业部门剩余劳动力,诱发了产业结构的演变,使城市化水平得以提高,经济由二元变为一元。刘易斯同时指出,现代部门的扩张可通过四种途径使传统部门受益,但同时每一种途径也可能产生负面影响。第一个途径是就业。现代部门雇佣传统部门转移的劳动力,这些劳动力在现代部门可获得更高的收入,享受更好的生活水平,其子女在受教育等各方面也能得到更好的机会。然而若一个国家的人口不足,现代部门对劳动力的吸收可能具有掠夺性,会对传统部门劳动力造成很大的影响。第二个途径是共享物质设施。现代部门的基础设施(医院、水电设施、公路、铁路等)比较完备,传统部门只需支付较低的费用即可使用这些设施。现代部门为学校教育、卫生保健服务等事业纳税,通常情况下传统部门在这方面的收益要高于支出,对发达部门征税,对传统的部门进行补贴,这是政府确保利益扩散的手段之一。① 第三个途径是现代部门的发展促进传统部门观念的更新和制度的现代化。通过新技术的推广使用提高农业的产量,建立农民合作社并鼓励农民积极参与,改良土地耕作方式等;第四个途径是贸易。若现代部门的生产必需品依赖于传统部门,那么现代部门的扩张依赖于传统部门的扩张。刘易斯的二元经济论在经济学界产生了较大的影响,但刘易斯的二元经济论也存在一些缺陷:一是劳动力在转移过程中可能因要素分配份额的改变而中止;二是剩余劳动力不仅仅存在于农业部门,城镇工业部门也可能存在剩余劳动力,城市的剩余劳动力只能通过工业部门吸收,这就抑制了农村剩余劳动力的转移;三是没有重视农业在工业增长中的作用,也没有注意到生产中由于农业提高劳动生产率出现剩余是劳动力向工业部门流动的先决条件。

费景汉和拉尼斯(John. C. H. Fei, Ranis, 1961)在《美国经济评论》上提出了新的二元结构转换模型,对刘易斯二元结构理论进行了修正和完善,构成了包含工业部门与农业部门共同发展的二元结构转换模型。提出要使结构转换得以实现,必须保证农业迅速发展到足以满足越来越多的非农产业劳动力对产品的消费需求,因而工农业平衡发展是二元结构转换的关键。费景汉和拉尼斯二元结构转换模型的意义在于强调农业对工业的贡献不仅在于提供工业部门所需的劳动力,而且为工业部门提供农业剩余。若农业剩余不能很好地满足工业部门扩张之后新增工业劳动力对农产品的需求,劳动力的转移会受到抑制。但费景汉和拉尼斯二元结构转换模型也存在不足之处,主要表现在其未能对雇佣劳动和家庭劳动很好地区分。

美国经济学家乔根森(D. W. Jogenson, 1967)在《过剩农业劳动力和两重经济发展》一文中提出,农业产量的盈余对经济增长具有决定性作用,农业不存在边际生产率为零的剩余劳动力,工农业工资水平并不是固定不变的。20世纪60年代乔根森对刘-费-拉模型进行了修

---

① 转引自马春文、张东辉《发展经济学》,高等教育出版社2006年版,第157页。

正,建立了乔根森模型,提出农业部门的发展是整个国民经济发展的基础,农业剩余是工业部门产生、增长的前提条件,农业剩余一旦出现,就会促使农业劳动力向工业部门转移,工业部门就会增长,农业剩余越大,农业劳动力向工业部门转移的规模越大;伴随着工业资本的积累,工业增长的速度越快,工业的发展越以牺牲农业为代价;农业剩余是二元结构转换的关键。乔根森又提出了一个重要假设,即农业总产出与人口增长相一致。在这种条件下,随着农业技术的不断发展,农业剩余的规模将不断扩大,更多的农村剩余劳动力将转移到工业部门。因此,农业剩余的规模决定着工业部门的发展和农村剩余劳动力转移的规模。乔根森模型仍然忽视了对农业物质投资的重要性以及城市的失业等问题。

迈因特(Mint,1985)在《亚洲发展评论》上发表了题为"组织二元结构与经济发展"的论文,提出了"组织二元结构论"。迈因特认为,二元现象是一种不发达组织框架的产物,不仅市场网络发育不全,而且政府行政制度和财政制度也不健全。市场和非市场的低度发展与在已经充分发展的市场体制中出现的"不完全性"是不相同的两类现象。[①]

法国经济学家佩鲁(Pelu,1950)根据经济发展空间的不均衡性质,提出"增长极"理论,认为增长并不是同时出现在各个部门,而是以不同的强度首先出现在一些增长部门,随后通过不同的渠道向外扩散。因此,发展迅速而且具有带动作用的"增长极"须充分发挥其辐射作用,带动周边地区发展。佩鲁的"增长极"实质是推进产业空间集中的点,但并没有指明产业的空间位置,因此该增长极是一种产业增长极概念。

缪尔达尔(Myrdal,1957)的循环累积因果论认为经济发展首先开始于一些条件较好的地区,这些区域由于初始优势而比其他区域超前发展,通过累积因果过程不断累积有利因素继续超前发展,加剧了区域间的不平衡,导致增长区域和滞后区域之间产生两种相反的效应,

---

① 转引自马春文、张东辉《发展经济学》,高等教育出版社 2006 年版,第 162 页。

即回流效应和扩散效应。回流效应表现为生产要素从不发达区域向发达区域流动,使得区域发展差异不断扩大;扩散效应表现为生产要素从发达区域向不发达区域流动,使得区域发展差异不断缩小。在市场机制作用下,回流效应大于扩散效应,使得发达区域更发达,落后区域更落后。

赫希曼(Hirschman,1958)的不平衡增长论认为经济进步的巨大推动力将使经济增长围绕最初的出发点集中,增长极的出现意味着增长在区域间出现不均衡。他提出了极化效应和涓滴效应。极化效应是指迅速增长的推动性产业吸引和拉动其他经济活动的效应;涓滴效是指在经济发展过程中并不给与贫困阶层、弱势群体或贫困地区特别的优待,而是由优先发展起来的群体或地区通过消费、就业等方面惠及贫困阶层或地区,带动其发展和富裕,或认为政府财政津贴可经过大企业再陆续流入小企业和消费者之手,从而更好地促进经济增长的理论。在经济发展的初期,极化效应占据主导地位,区域差异会逐渐扩大;但从长期看,涓滴效应会使得区域间差异缩小。

20世纪50年代末至60年代初,弗里德曼(Friedman)、帕洛夫(Parloff)等学者提出"核心与边缘区模型",并据此将区域经济发展过程分成四个阶段:工业化初期之前低水平均衡阶段、工业化时期的核心区极化增长阶段、工业化后期经济活动向边缘部分地域扩散阶段、区域经济一体化时期。[①] 根据该模型,随着工业化发展,人口、资本、技术等向具有高生产力的城市集中,从而形成以大城市为中心区、小城镇和乡村为边缘区的二元空间结构。随着工业化的进程,资源会从边缘区向中心区域扩散,当工业化进行到一定程度并趋向成熟时,上述过程会出现反向运动,资源从中心区向边缘区扩散,使得边缘区得以发展。

布德维尔(Boudeville,1966)继承发展了佩鲁的思想,提出增长极

---

① Friedman,J.,*A General Theory of Polarized Development*,New York:The Free Press,1972.

在城市之中,在其影响辐射的范围内引导经济活动,它的增长极是发达城市的核心,是地理增长极。

弗里德曼(Friedman,1973)的中心—外围理论将经济系统空间结构划分为中心和外围两部分。中心区发展条件较优越,经济效益较高,处于支配地位;而外围区发展条件较差,经济效益较低,处于被支配地位。因此,经济发展必然伴随着各生产要素从外围区向中心区的净转移。

刘易斯等二元模型分析了现代部门与传统部门间的关联,分析了两部门在经济发展中的作用,揭示了经济发展的一些规律;佩鲁(1950)的增长极理论、缪尔达尔(1957)的循环累积因果论、赫希曼(1958)的不平衡增长论、核心与边缘区模型、弗里德曼(1973)的中心—外围理论把城乡联系看成是以城市为中心的自上而下的一种联系,强调以城市为中心、资源通过由城市向乡村流动促进乡村地区的发展。这种城市偏向在一定程度上强化了城乡间不合理的利益格局,扩大了城乡差距。

2. 城乡发展研究

20世纪中期以来,随着新兴古典经济学、制度经济学、演化经济学等经济学理论的快速发展,经济学家们开始将分工组织、工资制度、市场分割、收入分配等概念引入到对城乡发展的分析之中,实现了传统二元结构理论在研究方法上的创新和研究内容上的拓展。

(1)城乡偏向研究

对"城市偏向"的批判。利普顿(Lipton,1968)把"城市偏向"界定为由于政府的过分保护政策引起的不公平城乡关系,发展中国家的城乡关系实质是城市集团利用政治权利,通过城市偏向政策使社会资源不合理的流入到对自己有益的地区。农村的富农与城市集团串通起来把农村的剩余资源、人力资本、储蓄等提供给城市,城市偏向的资源流动不利于农村地区的发展,会引起农村地区内部出现不平等。

以农村发展为中心。斯多尔(Stohr)和泰勒(Tylon)认为解决农村的贫困问题和城乡间发展不平衡问题应采取以农村为中心的发展模式,最大化利用地区的自然、人文等资源,满足当地居民的基本需求。

要使该模式得以成功运用,一应在政治上给予农村地区更高的自主权,使政治权利逐渐从城市地区向农村地区转变;二应调整价格体系,使之有利于与农产品的生产及农村的发展;三应使农村的当地需求低于其经济活动,以便出口;四农村的村村之间也应进行交通、通讯等建设。

城市中心多元化。沙里宁(Saarinen,1942)提出关于城市发展及布局结构的有机疏散理论,在其著作《城市:它的生长、衰退和将来》详细地探讨了城市发展思想、社会经济状况、土地问题、城市设计、城市居民参与和教育等,认为缓解城市过度集中的弊病,应使密集的城市地区分割成几个地域相互关联的小面积镇区,并使各镇区间既相互联系又相互隔离。

朗迪勒里(Rndine Ui,1985)认为农村剩余产品的市场在城市,大部分农业生产所需的投入由城市提供,农业生产率提高释放的农村剩余劳动力也需要到城市寻找就业机会,农村地区的医疗、教育、交通通讯等服务设施也由城市提供,所以农村的发展离不开城市。因此,主张通过分散投资建造新的城市中心,以形成一个更大的区域统一体,以现有的城市为主体,把这种区域统一体引向平衡的社区内,促进区域整体均衡发展,重建城乡平衡。

(2) 城乡融合与城乡一体化

自近代工业革命以后,西方城市学者面对社会发展普遍出现的城市居住拥挤、交通不便、环境污染等问题,就城乡关系研究提出了城乡协调发展的观点。

早期西方学者对城乡关系的研究最早可以追溯到 16 世纪的重农主义学者鲍泰罗(Giovanni Botero,1588)在他所著的《城市论——论城市伟大之原因》特别研究了农业生产与城市发展的关系,指出农产品剩余是城市存在的基础,这一结论后来成为城市化研究的一个重要前提。18 世纪以后,城市作为日益重要的经济力量,受到古典经济学家们的普遍重视。

随后,杜能(J.H.Thunen,1826)在《孤立国同农业和国民经济的关系》一书中,树立了城乡联系研究的一个典范。他认真研究了孤立国的产生布局:不仅充分讨论了农业、林业、牧业的布局,而且考虑了工业的布局。其设定的"杜能圈"成为区域经济学、空间经济学的理论基础。18世纪以后,城市普遍受到古典经济学家的重视。

亚当·斯密(Adam Smith,1776)在他的开创性著作《国富论》中系统性地阐释了城乡发展的自然顺序及其演变,同时揭示了地理、贸易、制度、文化变迁对城乡关系的制约与影响的本质。斯密指出:"若使人为制度不扰乱事物的自然倾向,那就无论在什么政治社会里,城镇财富的增长与规模的扩大,都是乡村耕作及改良事业发展的结果,而且按照乡村耕作及改良事业发展的比例而增长扩大。农业是劳动力的增进,总跟不上制造业上劳动力增进的主要原因,也许就是农业不能采用完全的分工制度。"①亚当·斯密同时从社会分工的角度阐述了农业、农村与城市的关系,指出城乡居民间的通商是社会的重大商业,农村向城镇提供生活物质资料及手工业,城镇则把部分制成品提供给农村居民,城镇和农村存在着相互关联的利害关系,城镇是农村剩余产品的市场。

英国古典经济学家大卫·李嘉图(David · Ricardo,1817)最早对工业化导致的城乡差距进行了阐述,系统研究了农业与工业、农村与城市的问题。关于城乡差距,他认为:第一,农业部门存在收益递减规律。就是说,在不断保持同一水平投入的条件下,农业产出的增加数量是逐步下降的。第二,城市工业则不仅不存在收益递减规律,相反,其效率不仅高而且呈收益递增趋势,城市工业代表着经济及社会发展的方向。从而,李嘉图得出结论:收益递减的农业是没有前途的,以农业为主要产业的农村必将衰落;而收益递增的工业是社会发展的方向,以工业为主要产业的城市获得繁荣。同时城市部门因效率较高并且收益递增,可以支付给城市劳动者更高的工资,而工业发展扩张要吸纳农村剩余劳动力也必须支付更高的工资,故而城市劳动者的收入会

① 亚当·斯密:《国民财富的性质和起因的研究》,中南大学出版社2003年版,第249页。

比农村劳动力高。这样,城乡发展水平及城乡居民收入的差距将是必然的,城市在政治、文化上对农村统治也是必然的。

　　19世纪初,圣西门、傅立叶、欧文三位空想主义者提出消灭城乡对立、实现城乡一体化思想,企图通过理想社会组织结构改变当前面临的经济社会问题。克劳德·亨利·圣西门(Claude-Henri de Saint-Simon,1760—1825)认为,农业、工业及商业活动是平等的,整个社会就是一座复杂的工厂,每个人都是从属于某一个工厂的工作者。夏尔·傅立叶(Charles Fourier,1772—1837)认为,和谐社会中没有工农差别和城乡对立,工业和农业不再是划分城市和农村的标志,工业和农业并存,而且农业为基础。城市不是农村的主宰,农村也不再是城市的附庸,城乡是平等的。罗伯特·欧文(Robert Owen,1771—1858)将新村公社看作理想社会的基础,在城乡关系上,这种大小的新村能够兼备城市住宅和乡村住宅现有的一切优点,同时又毫无这两种社会所必然的无数不变与弊端。① 尽管三位空想主义者的城乡一体化的思想是初步的,工农结合、城乡一体化的实验也失败了,但他们最早提出了消除城乡对立、促进城乡一体化发展的思想。恩格斯给予了高度评价:欧文和傅立叶都要消灭城市和乡村间对立,作为消灭整个旧的分工的第一个基本条件。②

　　加拿大著名学者麦基(Mcgee,1989)对亚洲国家和地区近30年的经济社会情况进行实证研究,发现亚洲城乡间的联系日益密切,城乡间的传统差别以及地域界限逐渐模糊,城乡间出现农业与非农业活动并存且趋向融合的地域结构。麦基理论不同于以城市为中心、以农村发展为中心的理论,是关于城乡关系转变的新理论,但同时也应注意到麦基理论主要是对亚洲国家进行的实证调研,能否使用于全世界还有待继续研究,因此具有一定的局限性。

　　英国城市学家比尼泽·霍华德(Ebenezer Howard,1898)在《明日

① 《欧文选集》第2卷,商务印书馆1981年版,第119页。
② 《马克思恩格斯全集》第20卷,人民出版社1975年版,第317页。

的田园城市》提出田园城市理论,认为城市本身具有吸引人的磁力。这种磁力导致城市人口的集聚,城市和乡村各有优缺点,两者只有有效地结合才能避免彼此的缺陷,因此主张用城乡一体化的新社会结构形态取代城乡对立的旧社会结构形态。田园城市模式对西方国家的城市规划产生较大的影响,西方的许多国家都具有田园色彩。

(二)国外学者已有研究的简要述评

综上所述,国外学者对城乡二元结构以及城乡发展关系进行了深入研究,并且随着时间的推移,研究的深度逐渐增强,研究内容逐渐进行了扩展,研究方法进行了创新,国外学者的研究为国内学者的研究提供了重要的理论基础,也为本书的研究提供了理论借鉴。但同时也应注意到,国外学者的研究区域较为局限,如 20 世纪 50 年代以前西方学者的研究主要是针对西方发达国家在工业化过程中出现的乡村衰落、城乡对立等问题展开的,并初步探讨了消除城乡对立的途径,研究结论对发展中国家不一定适用;二是早期学者的研究忽视制度因素的存在;三是国外学者一般把城市和农村分开研究,根据存在的问题提出相应的对策建议,但对问题存在的根源研究较少;四是国外学者在城乡统筹协调发展评价方面研究较少。

二、国内相关研究现状及述评

我国学者对城乡统筹的研究主要集中在城乡统筹的内涵、目标、影响因素、实证研究、对策等几个方面。具体来讲:

(一)城乡统筹的内涵研究

刘奇、王飞(2003)认为我国农民大国和小农大国的国情决定了城乡统筹社会发展是重构国家发展规划、全面建设小康社会的必然选择;陈希玉(2003)认为城乡统筹就是改变重城市轻农村的"城乡分治"的传统观念和做法,通过体制改革和政策调整,破除城乡二元结构,把城乡作为一个整体,对国民经济发展计划、国民收入分配格局以及重大经济政策实行城乡同一规划,把解决"三农"问题放在优先位置,更多地支持农业、关注农村、关心农民,实现城乡统筹协调发展;郭翔宇

（2004）认为城乡统筹发展是国家的一种政策倾向,是政府的一种宏观调控手段,其宗旨和目标是使城乡经济社会能够协调发展,最终实现城乡一体化;城乡统筹发展是一个动态的过程,需要经过较长时间在逐步缩小城乡差别的基础上实现;蒋永穆等(2005)就双重二元经济结构下的城乡统筹发展进行了研究,指出农村内部二元经济结构和城市内部二元经济结构之间存在强化效应和反弹效应,共同规定和制约着我国二元经济结构的发展;刘光溪(2011)把城市和农村的经济社会发展作为整体统一筹划,全盘考虑,并且把城市和农村存在的问题及其相互关系综合起来进行研究,形成城乡良性互动、差距不断缩小的发展格局。

（二）城乡统筹目标的研究

范海燕、李洪山(2005)研究认为城乡统筹的目标是城乡经济利益平等;虞锡君(2006)认为是打破城乡分割的传统二元结构体制,形成互动共进、共同发展的城乡关系新格局;黄坤明(2009)认为是整体提高城乡居民收入水平和生活质量、实现人的全面发展,缩小城乡差距、工农差距、地区差距和贫富差距,改变城乡发展不平衡造成的城乡二元结构和社会结构,形成城乡经济社会发展一体化的新格局。

（三）劳动生产率与城乡统筹发展的研究

关于劳动生产率与城乡统筹发展的研究。李永杰、张建武(2002)认为实现城乡统筹就业的关键因素是劳动生产率的提高,或者说是劳动力的边际产出提高,是决定城乡统筹就业的根本条件,也是城乡统筹就业的最终结果;谭静池等(2007)通过对陕西的实地调查,实证研究认为城乡劳动生产率差异导致城乡收入差距。"城乡分治"使城乡经济发展逐步形成两个经济单元和两种发展水平。

（四）产业结构与城市化的研究

李诚固(2004)从长春市产业与城市发展面临的现实问题出发,剖析了长春市产业结构升级城市化响应的限制性因素,认为产业结构升级与城市性质的功能定位、城市功能地域空间结构的优化与整合、大都市区体系构建与区域城市化推进、县市域经济突破与城乡一体化、区域基础设施建设与生态环境整治等五个方面为产业结构升级城市化响应的战略选择;温铁军(2001)认为城市化进程与产业结构的调整和优化密切相关。适度的城市化进程会促进产业结构的优化和升级,而城市化滞后则会阻碍产业结构升级。产业结构的调整同时也会影响城市化进程。

(五)城乡资源配置与城乡统筹发展的研究

林毅夫、刘明兴(2003)利用 1981—1997 年的省级面板数据,指出经济发展战略(以反映产业技术选择偏离最优资源禀赋的技术选择指数为代表)显著影响城乡差距;章奇等(2003)研究指出金融发展(以信贷规模在 GDP 中比重为指标)是导致城乡差距扩大的一个显著因素;马九杰等(2005)的实证分析发现农产品价格变动、工农业产品价格剪刀差或工农贸易条件是导致城乡差距变动一个重要因素;田新民(2009)认为,城乡收入差距并不单纯由城市工业化的速度决定,城乡间收入差距也并不一定呈现"倒 U"型趋势。城乡收入差距的大小在很大程度上还决定于农村剩余劳动力向城市部门迁移的壁垒以及城市部门努力提高其人口承载力所进行的公共建设投资的大小。

(六)统筹城乡影响因素的研究

经济因素。刘渝琳、邹洪箭、白艳兰(2007)以重庆市为例通过实证分析认为,导致城乡经济差异的原因是城乡间经济变量的差异;仇方道、熊瑾燕(2007)以江苏省为例设计评价指标体系,运用层次分析法确定指标的权重,计算经济联系、交通信息联系、非农业化水平以及社会服务联系四个子系统的指数值,得出经济联系、交通与信息在城乡统筹发展中居于主导地位;城乡经济与交通信息联系的强弱导致城乡统筹发展水平的高低,城乡联系随着距中心城市距离的增加而逐步减弱。

制度因素。李振国(2006)认为政府应加快制度改革,增加对农民的制度供给;吴冠岑(2007)从制度变迁理论角度对目前城乡二元体制的形成以及演变的内在机制进行了探讨;马远军(2006)分析了制度问题影响城乡统筹的内在机理,制度滞后影响城乡统筹建设效率,制度失衡提升城乡统筹建设成本,制度不经济导致城乡发展不公;何西

(2007)则试图从农民、企业、政府三者利益博弈的角度构建城乡一体化最优制度求解的模型；黄红华(2009)基于统筹城乡就业视角，对强制性政策工具、激励性政策工具、指导性政策工具、信息性政策工具、服务性政策工具的作用机理进行了理论分析，并分别对其政策绩效进行实证考察，认为应对政策工具进行相机选择与优化；钱亚仙(2010)指出城乡分割的养老保障制度是我国统筹城乡经济发展的一大障碍；罗军(2011)则从我国统筹城乡发展的热点问题出发，指出统筹城乡发展必须一改单项改革的传统做法，开展涵盖社会、经济与政治的综合性改革和体制机制系统建设。

综合因素。尹海伟等(2001)则认为城乡统筹差异的原因为市场发育程度的差异、产业结构的差异、原有发展基础的差异、工农产品价格的差异；陶应虎(2007)利用 H-P 滤波法得出农业支出、非农就业、公路密度(公路里程与土地面积之比)与城乡统筹呈正效应，而教育支出、人口密度与城乡统筹呈负效应，资本密集度(工资资本存量与劳动力的比值)对城乡统筹无显著差异；王怡(2008)认为经济发展水平、经济管理体制、自然地理环境、历史发展惯性、资源条件、社会历史及政治等原因造成城乡发展差异。

（七）统筹城乡评价指标体系研究

作 者	时间	指 标 选 取
孙林、李岳云	2004	城乡区位关系、城乡产业关系、城乡居民关系
吴永生	2006	经济统筹、社会统筹、空间统筹、环境统筹
高珊、徐元明、徐志明	2006	经济统筹、社会统筹、生活统筹
陈鸿彬	2007	经济统筹、社会统筹、生活统筹、设施环境
完世伟	2008	空间、人口、经济、社会及生态一体化
田美荣、高吉喜	2009	社会统筹、政治统筹、经济统筹、环境统筹
吴先华、王志燕、雷刚	2010	经济发展、基础设施建设、居民生活、环境质量
杜茂华、刘锡荣	2010	经济发展、基础设施与环境建设、社会发展、城乡规划与管理

（八）统筹城乡发展水平测度研究

层次分析法。孙林等(2004)根据城乡统筹的内涵设计了评价指标体系,使用层次分析法确定指标权重,对南京市统筹城乡发展水平进行评价,研究指出南京市统筹城乡发展水平不高,城乡差距明显,且城乡居民关系的低水平是导致南京市统筹城乡协调发展水平不高的主因之一;吴先华等(2010)以山东省为例,以经济发展、基础设施、居民生活、环境质量为准则层建立指标体系,运用层次分析法评价山东省统筹城乡发展水平,并通过计算城乡统筹度判断山东省统筹城乡空间格局。

主成分分析法。周加来等(2006)、李志强(2006)、贾春贵和陈秀益(2008)分别用主成分分析和聚类分析对城乡统筹度进行分析;漆莉莉(2007)采用主成分分析法与层次分析法相结合的方法来确定指标的权重;赵彩云(2008)应用主成分分析法对中国城乡统筹度的综合指标进行了计算,并按照时间顺序进行了纵向分析和比较。

因子分析法。杜茂华、刘锡荣(2010)采用因子分析法对重庆城乡统筹发展水平进行评价。

（九）城乡统筹对策研究

教育与文化方面。刘成新、徐宣清(2008)认为城乡发展的差异表现为基础教育城乡资源配置的差异,为了缩小这种差异,提出了相应的对策建议:第一,进一步提高关于对教育信息化资源配置均衡化发展意义的认识;第二,采取切实可行的措施,不断加强农村地区的教育信息化资源建设,进而促进城乡之间的教育信息化资源共享发展,缩小城乡差距;第三,大力实施农村地区中小学现代远程教育工程,让农村地区的学生能够享受与城镇学生同等水平高质量的教育资源及服务;第四,健全教育信息化监测评估,推动教育资源城乡均衡发展。赵秀玲(2010)提出缩小城乡差距,应培育城镇文化核心竞争力。

发展县域经济。李胜会(2004)指出县域经济的主体是农村经济和农业,发展方向是推进农村工业化和城镇化,解决农民增收、农业剩余就业问题。县域经济在区域经济发展进程中发挥着重要作用,县域经济发达的地区区域经济也发达。县域位于城乡经济的结合部,是统筹城乡的关节点,所以要实现城乡统筹发展,仅有城市经济的快速发展是远远不够的,必须把连接城乡的枢纽——县域发展壮大。

打破城乡隔离,城乡互助发展。刘奇、王飞(2003)指出打通城乡市场梗阻,建立统一有序的城乡市场;打破城乡产业分割,加快城乡产业融合;王兰芳(2006)提出消除歧视农民的一切认识、体制和政策上的障碍,建立"城乡协调"的科学运行机制和统一的发展规划;黄坤明(2009)研究认为城乡统筹应充分利用城乡各自的优势资源条件,在效率优先、兼顾公平的原则下,协调推进经济发展和社会进步,实现城乡之间优势互补,在经济联系上加强合作,相互开放市场,实现共同发展。

制度与体制方面。姜长云(2005)提出要真正将城乡统筹发展落到实处,需要协调处理好城乡之间公共品供给制度创新、欠发达地区县域发展与加强中央和省级政府支持、统筹城乡产业发展与统筹促进城乡要素市场发育的关系;谭莹和张丽娟(2009)、王泽林(2009)、石传延(2010)研究指出创新统筹城乡经济社会发展体制:一是要创新农村公共品供给体制;二要建立统筹社会教育和保障制度;三要加快农村金融体制改革,保障农民和农村企业的合法融资权,改变金融资源的城市偏向;王冰松、杨开忠(2009)以重庆市为例,探讨了统筹城乡发展的对策是优化对外空间格局和内部空间结构,降低对外交流成本,建立可持续盈利空间;创新土地、户籍、社保制度优化资源要素配置;创新组织形式,加强乡镇与企业、智力机构、金融机构和城乡间信息对接;郭振宗(2009)要实现城乡统筹发展,必须要彻底打破城乡二元体制,建立城乡统一的基本制度;统筹城乡建设规划及基础设施建设;积极推进农村城镇化进程;以新农村建设为契机,加快农村经济社会发展;建立"以工促农、以城带乡"的有效机制;党双忍(2011)研究认为通过制度创新促进城乡统筹发展。

城镇化、工业化、市场化以及农业现代化。孙自铎(2004)指出充分体现以人为本的发展观,实行城乡居民的国民待遇、做好农民职业技能教育培训、加快人口城镇化;范海燕、李洪山(2005)研究认为依靠中心城市的集聚与辐射效应、农业产业化、农村工业化及城镇化等方式逐步改变城乡隔离发展,缩小城乡差距,实现城乡平等发展;汪文勇(2006)农村城镇化利于统筹城乡制度安排、统筹工业与农业现代化发展、统筹城乡基础教育、统筹城乡户籍管理、统筹城乡居民迁移、统筹城乡就业、统筹城市与建制镇发展,所以主张以农村城镇化作为推动统筹城乡协调发展的动力机制;杜茂华、杨刚(2010)指出重庆市在当前统筹城乡经济发展过程中,不仅存在着区域之间的发展不平衡,而且还存在着区域内各区(县)之间经济发展水平的差异性,为了缩小城乡发展差异,需形成城乡良性发展机制。

(三)国内学者已有研究的简要述评

国内学者对城乡统筹协调发展问题进行了广泛深入的研究,指出了城乡统筹发展的内涵,制约统筹城乡发展的因素,并对城乡统筹发展情况进行了实证分析,探讨了城乡统筹发展的对策措施。学者的研究为变革城乡二元结构,缩小城乡差距,建设社会主义新农村具有指导意义和理论借鉴价值,为本书的研究也提供了重要的理论借鉴。但上述学者研究的系统性及深度还有待进一步扩展,主要体现在以下几个方面:一是研究的内容不够详尽,城乡统筹协调发展是一个系统工程,涉及的内容非常广泛,像城乡统筹协调发展思路及路径研究甚少,还需进一步深入研究;二是对城乡统筹协调发展的研究大多学者认为应把城乡作为一个整体,统一筹划。但城乡由于区位因素、资源要素等不同,城乡各自有其发展的优劣势,城乡统筹发展应充分发挥城市和乡村的优势,促进要素的合理流动和优化配置,优势互补,相互促进协调发展;三是对国内外城乡统筹协调发展的对比研究较少,这些研究能为所研究区域城乡统筹协调发展提供借鉴意义;四是定性研究较多,定量研究相对较少,定量研究中也存在研究方法选取的问题,通过分层次对指标赋权,多采用层次分析法、主成分分析法、因子分析法进行,但由于评价体系中的各指标间并不是相互独立而是存在相关性,因此采用层次分析法并不十分合适,所以本书考虑到指标的相关性采用网络层次分析法确定各指标权重。计算统筹城乡评价值时拟采用多指标综合评价法首先计算单个指标的评价值,然后再通过合成法得出综合评价值,用此种方法计算评价值较因子分析法、层次分析法等更为符合实际、更为合理;五是统筹城乡协调发展的对策研究中,学者们提出的建议措施,普遍性太强,不能根据所研究区域的实际情况提出,所以政策措施的实用性还有待验证。

第三节　研究目的、思路、内容与方法

一、研究目的

从城乡经济社会的发展阶段看,我国已经由"传统农业国家"进入了"转型中国家",并正在向"城市化国家"过渡。在"转型中国家",农业已经不再成为经济增长主要来源,城乡收入差距急剧扩大,这一时期的核心任务是减小城乡贫富差距,发展农村非农产业以及帮助促进人口农转非(世界银行,2008);从劳动力转移角度看,受人口结构变化影响,我国正在进入"刘易斯转折点"区间(蔡昉,2008),并且正在面临全球性金融危机带来的经济结构调整与产业升级,面临经济波动对劳动力需求数量与结构的挑战,同时也面临农村转移劳动力在职业技能培训、职业资格准入制度、工资福利和社会保障等方面进行调整和提升的机遇。

当前,我国社会经济已经进入了"以工哺农"的发展阶段,建立以工促农、以城带乡长效机制,形成城乡经济社会发展一体化新格局,已成为构建社会主义和谐社会的重中之重。在新的发展阶段构建一个比较完整的、有实践价值的理论思想,对指导政策实践适应新的形势具有重要的意义;也只有构建起符合江苏区域实际的城乡统筹体制,才能真正形成城乡统筹协调发展的理想格局。

江苏省经济高速发展的同时,区域间差距、城乡间差距较为显著,本书通过评价江苏省三大区域的城乡统筹情况,判断三大区域经济、社会、空间、要素等统筹情况,并根据实际情况探讨城乡统筹的路径,进而提出相关政策建议。

具体来讲：

其一，本研究希望通过丰富和发展关于统筹城乡发展的内涵的研究，建立起相关的理论分析框架，透过整个江苏地区和江苏省不同区域(苏南、苏中和苏北)城乡统筹发展的动态分析来把握其城乡统筹发展演变的态势，并建立起针对城乡统筹发展的综合指标评价体系，为江苏省统筹城乡发展提供依据和指导。

其次，本研究希望通过对整个江苏地区城乡统筹发展的评价以及对江苏省不同区域城乡统筹发展的研究分析得出江苏城乡统筹发展的基本阶段及其基本影响因素，形成城乡统筹发展的诸如江苏省城市化进程、小城镇建设和广大农村地区建设进程等基本影响因素与城乡统筹发展相互促进和相互制约关系的认识，探索出城乡统筹发展、打破城乡分治的有效途径。

第三，本研究希望建立多指标综合评价体系与步骤，设计城乡统筹发展的目标、原则与评价指标体系，引入因子分析法进行具体指标的赋权，基于江苏省统计数据，利用相关软件对江苏省不同区域(苏南、苏中和苏北)城乡统筹值进行综合测度与分析评价。

二、研究思路和研究内容

按照以上主要研究思路，本书比较全面地就国内外关于城乡关系、城乡统筹的研究进行了回顾，探讨了城乡统筹协调发展的内在机理和影响因素，并以江苏省及其三大区域(苏南、苏中和苏北)为典型案例进行了实证研究，进而为进一步提升城乡统筹发展水平提出了对策建议。本书的研究内容和体系结构安排如下：

（一）具体研究内容

结合国内外学者的研究并综合运用发展经济学、区域经济学、制度经济学等理论探讨城乡统筹协调发展的内涵及内在机理；分析江苏省城乡发展差距以及江苏省三大区域城乡差距，构建评价指标体系对江苏省及其江苏省三大区域的1990—2010年城乡统筹发展情况进行动态分析；研究确定城乡统筹发展的影响因素，以便采取措施消除城

选题背景	→	问题提出
⇩		⇩
文献综述	→	研究依据
⇩		⇩
城乡统筹理论分析	→	理论研究
⇩		⇩
江苏城乡发展现状	→	现状分析
⇩		⇩
江苏三大区域城乡统筹协调动态评价	→	评价研究
⇩		⇩
城乡统筹发展的影响因素分析	→	因素确定
⇩		⇩
国内外城乡统筹协调发展的经验和教训	→	借鉴启示
⇩		⇩
城乡统筹协调发展的思路与路径	→	措施依据
⇩		⇩
城乡统筹协调发展的措施	→	对策研究

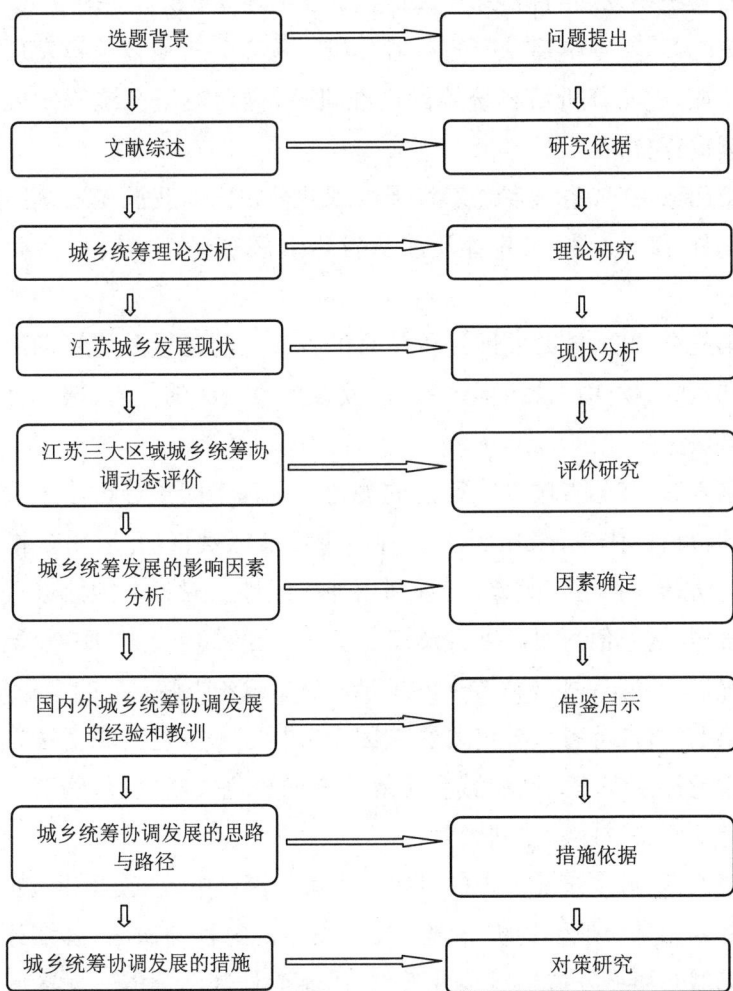

乡发展差距,实现城乡协调发展;探讨国外发达国家、发展中国家及我国部分省市城乡统筹的演进路径,梳理研究它们城乡统筹进程中的经验和教训;提出江苏省统筹城乡协调发展的思路及路径,结合江苏省实际提出相关政策建议。

(二)体系结构安排

第一章,导论。阐述研究的背景及意义、国内外的研究现状及述评、研究思路、研究方法、创新与不足。

第二章,相关概念界定与理论基础。统筹城乡发展的理论分析。

界定城乡统筹发展的相关概念,阐述城乡统筹发展的相关理论。

第三章,城乡统筹发展的一般分析。首先分析城乡统筹发展的本质及特征,进而分析城乡统筹的内在机理,最后对城乡统筹发展的影响因素进行分析。

第四章,江苏省城乡统筹发展的现状分析。对我国城乡统筹阶段进行划分,接着分析江苏省及江苏省三大区域经济、社会、空间发展差异。

第五章,城乡统筹发展评价体系的构建。明确城乡统筹发展评价内容和目的,构建评价指标体系;比较各评价方法的优劣,选择合适的评价方法。

第六章,江苏省城乡统筹值的测定——基于因子分析法。通过构建的评价指标体系,采用因子分析法对各指标赋权,并运用多指标综合评价法计算各指标的评价值,利用加权线性法对各个指标进行合成为综合值(统筹值),对江苏省及江苏省三大区域 1990—2010 年城乡统筹情况进行动态评价,总结分析江苏省统筹城乡协调发展的变化趋势。

第七章,江苏省城乡统筹影响因素分析——灰色关联度法。计算江苏省及江苏省三大区域城乡统筹因素的灰色关联度值,确定影响城乡统筹的经济、社会、空间因素。

第八章,城乡统筹发展的经验及启示。探讨国外发达国家、发展中国家和我国部分地区的统筹城乡协调发展的进程与做法,总结分析它们统筹城乡协调发展的经验及教训,以便为处理江苏省三大区域城乡发展过程中面临的问题提供借鉴。

第九章,政策建议。在上述分析的基础上提出江苏省城乡统筹发展的思路及路径,为江苏省城乡统筹发展指明方向。结合国内外城乡统筹发展的经验以及做法,根据江苏省的实际有针对性地提出战略性调整思路及政策。

三、研究方法

(一)文献检索法

文献检索法是研究者通过阅读文献了解所研究问题的一种方法。本书通过 CNKI 对 2000—2012 年发表在核心期刊上有关城乡统筹协调发展的文献进行统计和梳理,以深入了解国内外学者对城乡统筹协调发展的研究,并对相关研究成果进行归纳、总结,进而为本书的研究提供理论基础和部分实证分析数据。

(二)规范研究与实证研究相结合

在进行规范研究时,遵循理论联系实际的原则,运用相关理论探讨城乡统筹的内涵;为增强本书研究的说服力,通过建立计量模型对江苏省城乡统筹的现状、不同影响因素的相关性及影响程度进行实证分析。由于指标体系中的指标间并不是独立而是相互依存、相互影响的,所以本书拟采用网络层次分析法对城乡经济协调发展综合评价各个指标和准则层赋权。

(三)统计分析与比较分析相结合

通过对统计资料进行纵向和横向比较,分析问题和发现问题,从而有针对性地提出相关政策建议。

四、可能的创新之处及存在的不足

(一)可能的创新

(1)内容创新。从经济、社会、空间三方面对江苏省及三大区域城乡统筹发展情况进行评价,并明确城乡统筹发展的影响因素。为提高城乡统筹发展水平,借鉴国内外发展经验的基础上,明确了城乡统筹发展的路径,提出可操作性的对策建议。

(2)方法创新。在理论分析的基础上,明确了城乡统筹发展的评价目标,建立城乡统筹发展的综合评价指标体系,为制定城乡统筹发展策略提供了依据。进而,探讨了城乡统筹发展的评价方法以及确定统筹城乡发展影响因素的方法,利用因子分析法确定各指标的权重,然后利用线性加权法计算各成分得分值,再运用综合评价法计算江苏省及三大区域 1990—2010 年间的统筹城乡值,对江苏省统筹城乡发展状况进行动态评价;运用灰色关联度方法对影响江苏省及三大区域统筹城乡发展的因素进行分析。

(二) 存在的不足之处

城乡统筹是一个系统工程,影响城乡统筹的因素很多,包括经济因素、社会因素、环境因素、空间因素、政策因素等。在本书的研究中,考虑到数据的可获得性,仅研究了经济因素、社会因素、空间因素对城乡统筹的影响,而政策因素、环境因素等的影响没有涉及,在政策分析方面的针对性也不够具体。

第二章　相关概念界定与理论基础

第一节　相关概念界定

一、城乡（Urban and Rural）

要想正确理解和把握城乡统筹发展的内涵需正确理解城乡的概念，一般来说，城乡包括城市与农村两部分。城市中的"城"为行政区域，是人口集聚地；"市"是商业概念，是商品交换场所。《新华词典》中"城"是指非农业人口和非农业活动为主的聚集地，与乡村相比，城占地面积大，人口数量多，城是一定区域内的经济、政治、文化中心。

城市是时代的产物，其内涵随着生产力的发展而不断深化。随着生产力的发展、社会的进步，为满足人们的生产生活需要，人们需要不断的进行交换。因此，具有执行公共防卫功能的"城"具有了"市"的功能，"城"与"市"合二为一。随着生产力的进一步发展，现代意义上的城市是指人口集聚、商业发达的地区，是一定区域范围内经济、政治、文化等中心。"城"的功能逐渐减弱，"市"的功能逐渐凸显。

各个学科对城市有不同的理解和定义，经济学中的城市指的是具有相当面积、经济活动和住户集中，以致在私人企业与公共部门产生规模经济的连片地理区域；社会学把城市定义为具有某些特征且在地理上有界的社会组织形式；地理学对城市的定义是指地处方便的交通环境、覆盖有一定面积人群和住房的密集结合体；城市规划学把城市定义为建制设立的直辖市、市和镇。本书中，"城市"指的是以非农业产业和非农业人口集聚形成的较大居民点，其中包括按国家行政建制设

27

立的市、镇。城镇是国家经济、政治、科技和文化教育的中心,在国民经济和社会发展中起主导作用。

《古今汉语词典》中"乡"是指乡村,农民居住的地方,以从事农业为主,人口分布相对城市较为分散。《新华词典》中的"乡"是相对城市而言的,是指农业收入是主要收入来源、人口较为分散的地方。社会学中,"乡"是指乡村社会,该社会主要由农民组成,依靠人力、畜力、土地等生产手段和要素生产农产品。综上所述,乡村具有两层含义:一是指基层行政区域单位;二是指城市以外的地区。本书中的农村是指城市外的地区。

在生产力水平较低的时代,城市和农村是两个平等并存互补的社会体系,城市和农村无多大差别。进入产业革命时代,城市产生了巨大的集聚效益、规模效益和极核增长力,得到前所未有的发展,出现了城市统治农村和城乡对立的局面,造成了城乡间差距的深化,严重阻碍了人类社会全面发展。

城市是一个国家或地区的政治、经济与文化中心,是现代化的摇篮。乡村是文明史的基础与起点,是区域城市体系发展不可缺少的"母体"。

有差别就要统筹,而城乡的新融合更是未来人类社会发展与进步的必然要求与趋势。只有统筹才能实现"城市化+农业现代化+农村现代化"的局面;只有统筹才能破解"三农"难题,跳出"就农民论农民,就农业论农业,就农村论农村"的思维定式。

目前,针对城乡的概念很多学者都有自己的独特见解,并没有形成统一的界定标准。本书中对城乡的界定考虑到研究的可行性以及数据的可得性,按照统计年鉴的标准为依据。

二、城乡关系(Urban-Rural Relation)

城乡关系是社会生产力发展和社会大分工的产物,自城市产生后,城乡关系便随之而产生。如何科学处理城乡关系是所有发展中国家在实现经济发展过程中普遍面临的重要问题。

　　城乡关系是指城市和农村之间在经济、政治、文化等方面的关系。由于中国在工业化进程中形成了"两个相互隔离的舞台"①。城乡之间客观上存在着经济、政治、文化等方面的广泛差异。城乡关系还包含"分离"和"交换"两个机制②,分离机制即城乡二元户籍制度;交换机制在计划经济体制下是统购统销制度,在市场经济条件下是市场交换尤其是农民工的流动。

　　从一定意义上说,城市与农村之间的矛盾是我国现代社会基本矛盾的一个重要表现。新中国成立60多年来,我国城市和乡村的关系发生了重大变化。

　　新中国成立初期,我国实行了"重工业优先"的经济发展战略和"城市优先"的社会政策,户籍制度设置了两种不同的身份体制,分属不同的经济体系和社会体系。可以说,这是造成我国城乡之间的劳动生产率、收入水平、消费支出以及公共服务水平差距持续扩大的一个重要原因。这一时期,城乡二元结构被强化,造成了我国城市化滞后于工业化的社会现象。

　　改革开放以后,我国社会开始打破原有的城乡二元结构。而且随着乡镇企业的迅速崛起,逐渐形成了三元结构。即出现了具有现代因素的乡村工业化,成为了我国经济的一个新增长点和重要组成部分。进入"十五"时期以来,我国政府在城乡关系方面进行了政策调整,一个重要方面就是鼓励农民进城。农民进城务工,从而开始形成"四元"的城乡结构:在农村,农业劳动者和乡镇企业并存;在城市,户籍人口和大量流动性农民工并存(胡鞍钢,2012)。

三、城乡二元结构(Urban-Rural Dualistic Structure)

　　城乡二元结构和城乡二元经济结构是同义词,可以合并使用。城乡二元经济结构一般是指以社会化生产为主要特点的城市经济和以

---

① 吉尔伯特·罗兹曼主编:《中国的现代化》,江苏人民出版社1995年版,第400页。
② 刘应杰:《中国城乡关系与中国农民工人》,中国社会科学出版社2000年版,第64页。

小生产为主要特点的农村经济并存的经济结构。我国城乡二元经济结构主要表现为：城市经济以现代化的大工业生产为主，而农村经济以典型的小农经济为主；城市的道路、通信、卫生和教育等基础设施发达，而农村的基础设施落后；城市的人均消费水平远远高于农村；相对于城市，农村人口众多等。这种状态既是发展中国家的经济结构存在的突出矛盾，也是这些国家相对贫困和落后的重要原因。发展中国家的现代化在很大程度上是要实现城乡二元经济结构向现代经济结构的转换。

解决和突破这一矛盾的根本出路应是在发展农村经济的基础上走农村城市化道路，实现城乡良性互动，逐步减少农村人口，转移农村剩余劳动力，增加城镇人口，转变生产增长方式，提高劳动生产率，优化第一产业结构，促进第二、三产业的发展，从而提高农村整体的经济效益和社会效益。所以，城市化是解决我国二元经济结构矛盾的根本出路。

四、城乡一体化（Rural-Urban Integration）

城乡一体化的思想早在 20 世纪就已经产生了。我国在改革开放后，特别是在 20 世纪 80 年代末期，由于历史上形成的城乡之间隔离发展，各种经济社会矛盾出现，城乡一体化思想逐渐受到重视。近年来许多学者对城乡一体化的概念和内涵进行了研究，但由于城乡一体化涉及社会经济、生态环境、文化生活等多方面，人们对城乡一体化的理解有所不同。

社会学界从城乡关系的角度出发，认为城乡一体化是指相对发达的城市和相对落后的农村，打破相互分割的壁垒，逐步实现生产要素的合理流动和优化组合，促使生产力在城市和乡村之间合理分布，城乡经济和社会生活紧密结合与协调发展，逐步缩小直至消除城乡之间的基本差别，从而使城市和乡村融为一体。

经济学界则从经济发展规律和生产力合理布局角度出发，认为城乡一体化是现代经济中农业和工业联系日益增强的客观要求，是指统一布局城乡经济,加强城乡之间的经济交流与协作,使城乡生产力优化分工,合理布局、协调发展,以取得最佳的经济效益。

综合来讲,城乡一体化的含义是指以城市为中心、小城镇为纽带、乡村为基础,城乡依托、互利互惠、相互促进、协调发展、共同繁荣的新型城乡关系。

五、城乡统筹(Balanced Urban and Rural)

"城乡统筹"字面上解释是"城"、"乡",在一定的时代背景中,互动发展,以实行"城"、"乡"发展双赢为目的发展格局。统筹是指一种系统的科学的方法论。统筹在《现代汉语词典》中的解释是"统一筹划",在《辞海》的解释是通盘筹划。所谓"统筹",从表面来看,就是统一筹划的意思。深层次看,它包括了一个过程的五个步骤:统一筹测(预测)、统一筹划(计划)、统筹安排(实施)、统一运筹(指挥)、统筹兼顾(掌控)。统筹要兼顾到各方利益,总揽全局利益,并有序的进行安排,协同推进;把事物看作为内在高度统一的系统工程,在科学合理的把握其逻辑关系及内在联系的基础上,采取相应措施对其进行合理规划、科学管理。

可以说,城乡统筹,关键是城市带乡村。城市带乡村是世界经济发展、社会进步的共同规律。世界发达国家和地区都经历过大量农村劳动力转移到第二、三产业,大量农村居民变成城市居民,城乡发展差距变小的发展阶段。我国经过 30 多年的改革与发展,城市先发优势越来越明显,发展能量越来越大,城市有义务也有能力加大对农村带动的力度,城市带农村完全能带出"双赢"的结果。

城乡统筹就是要改变和摈弃过去那种重城市、轻农村,"城乡分治"的观念和做法,通过体制改革和政策调整削弱并逐步清除城乡之间的隔阂,在制定国民经济发展计划、确定国民收入分配格局、研究重大经济政策的时候,把解决好农业、农村和农民问题放在优先位置,加大对农业的支持和保护。充分发挥工业对农业的支持和反哺作用、城市对农村的辐射和带动作用,建立以工促农、以城带乡的长效机制,促进城乡协调发展。

城乡统筹的内涵是指以城市和农村一体发展思维为指导,以打破历史和制度设计形成的城乡二元结构为出发点,立足城市发展,着眼农村建设,以最终实现城乡差距最小化、城市和农村共同富裕文明为目的的一项系统工程。

六、城乡统筹发展(Balanced Urban and Rural Development)

城乡统筹发展——是党中央在新的历史条件下,科学判断形势,正确把握城乡发展关系所作出的重大决策;是完善社会主义市场经济体制,全面建设小康社会的重大举措;是逐步改变城乡"二元"经济结构,根本解决"三农"问题的重大创举。它不仅仅是一个需要深入研究的理论问题,更是一个亟待解决的现实问题。

城乡统筹发展、实现城乡一体化并不是要求城乡一样化,而是在空间形态和功能定位允许城乡有别,使资源在城乡之间科学合理配置,达到效益最大化。城乡统筹发展的根本目的是消除城乡二元结构,实现城乡一体化发展,实现社会公平,城乡居民可以享受到同样的现代物质文明和精神文明,享受同等的公共资源,享受同等的国民待遇。

城乡统筹发展,是以邓小平理论和"三个代表"重要思想为指导,牢固树立和认真落实科学发展观,坚持"以人为本",坚持"统筹兼顾",运用新的发展理念来调整城乡关系,运用全新的机制来整合城乡资源,运用改革开放的方法来解决"三农"问题,运用统一的规划来引导城乡的协调发展,运用配套的政策法规来保障城乡的健康发展,运用雄厚的产业来支撑城乡的稳定发展,做到:在国民经济的循环中,统筹农业产业化的发展;在全社会的进步中,统筹农村的繁荣;在国民收入分配的总格局中,统筹农民的增收。

城乡统筹发展的关键是充分发挥工业对农业的支持和反哺作用,制定全国及区域规划、财政分配政策及重大产业布局时,要考虑城市的辐射带动效应,充分发挥城市对农村的扶持和带动作用;同时也要发挥农村对城市工业发展的促进作用,实现城乡优势互补,促进城乡协调发展,建立以工促农、以城带乡的长效机制。城乡统筹的目的就是要改变重城市、轻农村的观念和做法,通过一系列体制改革以及相关政策调整削弱并逐步清除城乡之间不合理的障碍,把解决好农业、农村和农民问题放在优先位置,加大对农业的支持和保护。城乡统筹发展要逐步改变并消除长期存在的二元结构,建立平等、协调的新的城乡关系及工农关系,统筹城乡在经济、社会、空间等方面的发展。因此,城乡统筹发展绝不仅仅是让经济、社会资源从城市流向乡村,而是在城乡统筹发展的框架下合理配置城乡资源,统筹城乡劳动力结构、产业结构、社会保障体系、城乡规划等,充分发挥城乡优势,实现城乡优势互补,加快城乡发展步伐,逐步缩小城乡差距。

七、“三农”问题(**Three Rural Questions**)

“三农”问题蕴含于城乡统筹发展之中,是城乡统筹发展的关键与核心,合理解决“三农”问题是城乡统筹发展战略能否成功的一杆标尺。

“三农”即农民、农业、农村三者的简称。

“三农”问题并不是中国所特有的,而是“农业文明”向“工业文明”过渡的必然产物。“三农”问题是我国改革开放的产物,是我国农村经济发展过程中要高度关注并妥善解决的基本问题,“三农”问题关系到社会主义新农村的建设,关系到小康社会的实现,是我国社会主义现代化建设过程中亟待解决的基本问题。“三农”问题的实质是我国城乡政策、产业、收入与社会发展不同步的问题。“三农”问题是由江泽民在十五届三中全会上提出来的,指出“三农”问题不仅关系到改革开放的成败,而且也是关系社会主义现代化建设全局的重大问题。只有农村稳定了,全国才能具有稳定的基础,只有农村实现小康,才能实现全面的小康,只有农业的现代化,才有整个国民经济的现代化,只有首先把握农村才有可能把握整个国民经济全局[①]。

---

① 十五届三中全会报告:《中共中央关于农业和农村工作若干重大问题的决定》,1998 年。

"三农"问题的实质就是"城市与农村发展不同步"的问题,"结构不协调"的问题。其中,"农民"问题又是"三农"问题的核心与关键,表现为:农民收入低、增收难、城乡居民贫富差距大,其本质表现为农民权利得不到保障;农村问题则集中体现为农村面貌落后,经济不发达;而农业问题就集中表现为农民耕种与收入失衡,产业化程度较低。

结合我国及江苏实际,具体来讲:农业问题主要表现为农业的产业化,农业产业化的导向是国内外市场,农业产业化的中心是经济效益的提高,农业产业化的支撑是科技进步。农村问题的最主要表现为户籍制度改革,城乡分治的户籍制度造成城市和乡村间经济社会发展的巨大差异,消除城乡二元对立、改革户籍制度是城乡统筹发展的必要措施。农民问题包括农民素质及农民减负问题,农民素质主要指农民的文化素质,农民负担问题主要指农民收入增加问题。农业、农村、农民问题三者侧重不一,"三农"问题不仅关系到经济发展,而且对社会稳定也具有重大的影响,为此为实现社会的稳定健康和谐发展,必须解决"三农"问题。

第二节　关于城乡统筹发展的论述

一、马克思、恩格斯城乡关系研究

马克思、恩格斯在批判吸收圣西门、傅立叶和欧文等空想社会主义学者关于和谐社会中城乡不存在对立,城乡是平等的观点基础上,提出城乡关系并不是一成不变的,随着历史的发展演进,城乡关系不断发生变化。城乡关系是建立在物质生产资料的生产和再生产基础之上的,是人与自然关系、人与人关系的现实表现,因此城乡统筹发展的关键在于有效的调节和控制人与自然间的物质变换、人与人间的物质变换过程。

马克思、恩格斯认为城乡统筹发展就是在多种生产方式中,吸收其中的优点,避免其中的缺陷。在人类社会发展的每一时期,生产和生活方式是多样化的,并非是单一的,城乡间生产和生活方式存在差距,农村的生产生活方式落后于城市,这是导致城乡失衡发展的物质基础。马克思和恩格斯还认为城乡融合发展是社会发展的必然趋势,城乡关系经历了三个阶段:第一阶段是城市诞生于农村,农村是城市的载体,农村在人类社会发展过程中具有主导性;第二阶段是随着工业革命的开始,人类社会的城市化进程加速发展,城市的经济地位逐步提升并占据主体地位,城乡间经济、社会、文化等差异愈加明显,城乡分割、城乡对立开始显现;第三阶段是随着城市化的深入,城乡间的依存度大大增强,城乡间通过协调合作实现城乡一体化,城乡逐渐走向融合,并在《共产主义原理》(1847)中提出城乡融合的途径:消除旧的分工,进行生产教育、交换工种,使全体成员共享创造的财富,使全体成员的才能得到全面发展。

马克思、恩格斯在分析城乡统筹发展内涵的基础上,认为城乡统筹发展具有可能性。马克思、恩格斯提出城乡统筹发展的可能性以前,经济学家米尔柏格曾指出:"消灭城乡对立是一种空想,因为这种对立是自然的,更确切地说,是历史上产生的。"马克思、恩格斯批判了米尔柏格的错误思想,指出:"消灭城乡对立并不是空想,正如消除资本家与雇佣工人之间的对立不是空想一样。消灭这种对立日益成为工业生产和农业生产的实际要求。"①大工业的发展促进了生产力的进一步提高,由于城市的集聚效应,使得城市相比农村更具优势,加剧了城乡对立,同时也为城乡融合提供了可能。一方面,转移到城市的劳动力会学到先进的科学技术,技能水平不断提高,农民会运用先进的科学技术、自己的聪明才智促进农村地区的发展;另一方面,随着城市生产力水平的提高,城市的空间承载力不能够适应生产发展的需要,为开阔市场,城市工业不断向农村转移,随着城市工业的转移,城市的劳动力也会随之转移,城乡劳动力的合理流动促使人口分布呈现均衡状态,城乡便建立了内在的联系。由此可见,消除城乡对立,促进城乡融合发展

---

① 《马克思恩格斯全集》第 34 卷,人民出版社 2002 年版,第 313 页。

不是空想,而是有可能的。

马克思、恩格斯在分析城乡统筹发展可能性的基础上,同时指出了城乡统筹发展的必要性。他们认为城乡关系是影响社会关系的关键环节,城乡关系的面貌一经改变,整个社会面貌也会跟着改变。第一,城乡统筹发展是促进农业发展、改变农村落后、贫困的客观需要。只有消除城乡对立才会使农村人口从愚昧状态中挣脱出来。农村在资源、政策、体制、就业机会等方面与城市地区存在较大的差距,为缩小城乡差距,消除城乡对立,必须促进城乡间资源、政策、体制等的均衡;第二,城乡统筹发展是大工业发展以及解决由此带来问题的需要。随着大工业的发展,大量的农村劳动力涌入城市,导致空气及水污染、交通拥挤,给城市公共管理部门造成巨大压力。要有效地解决这一问题,只有促进城乡人口合理流动,实现城乡融合;第三,城乡统筹发展是解决城乡病态的客观要求。城乡病态是社会畸形发展导致的,城乡病态的存在致使城市和乡村不能很好地发挥应有的功能,产生"城市病"和"农村病"。一方面城乡分割对立,农村在发展方式上没能充分发挥作用,导致"城市病"的发生,城市病是指大量人口涌入城市,导致城市人口拥挤、环境污染、住房严重短缺和流行病蔓延等。为使城市稳定健康的发展,促进城市人口有序的向乡村转移显得非常有必要,使得城乡间人口尽可能达到合理配置,实现城乡统筹发展;另一方面由于城乡的分割对立,城市在发展方式上没能充分发挥应有的功能,导致了"乡村病"的发生。

马克思、恩格斯认为高度发达的生产力是统筹城乡发展的前提,城乡间的分割对立是生产力不发达造成的。随着生产力的发展,劳动者的生产技能不断得以提升,不仅提高了劳动的熟练程度,而且也掌握了全面、正确的科学知识,同时劳动工具也随着科学技术的广泛运用不断革新发展,提高了劳动生产率;同时转移出来的劳动力也会带着所掌握的技术重新回到农村,服务农业,提高了农业生产率,并开发出更肥沃、富饶的土地。马克思、恩格斯认为健全的基础教育制度是城乡统筹发展的支撑,为使社会全体成员都能得到自由而全面的发展,必须建立健全基础教育制度。

马克思、恩格斯认为要城乡统筹发展一是要实现生产要素在城乡间的均衡分配。城乡统筹发展首先应使城乡人口合理分配,实现城乡人口的均衡分布,只有这样才能消除农村人口孤立、贫困状况;二是大力发展先进生产技术。科学技术对缩小城乡对立具有较大的促进作用,随着科学技术的广泛运用,生产力获得巨大发展,同时劳动者不仅熟练程度提升了,而且能够运用各种新工具,极大的提高了劳动生产率;三是积极推进农村城镇化进程,主要集中在以下几个方面:农业劳动生产率的提高、农村工业发展以及农村商品经济发展。农村农业劳动生产率提高是促进农村城镇化的前提,农村工业化是推进城镇化的根本动力,农村商品经济是推进城镇化的关键环节[①]。

马克思、恩格斯城乡融合思想是不以人的意志为转移的规律,所以要真正领会城乡统筹协调发展的内涵,必须以马克思、恩格斯城乡发展理论为指导。

二、毛泽东的城乡统筹发展思想

毛泽东城乡统筹发展思想是在领导中国革命和建设过程中形成的,是由我国的国情决定的。民主革命初期,党在一段时间内没能处理好城乡关系,走"以城市为中心"的道路,忽视了广大农村群众在民主革命中的重要性。国民革命的失败迫使中国共产党把革命重心由城市向农村转移,建立农村革命根据地,开始关心农村、关心农民。

（一）农业是国民经济基础

毛泽东从中国是农业大国的实际出发,阐述了农业是国民经济基础的思想,1956 年在《论十大关系》中指出:"优先发展重工业,绝不可以因此忽视生活资料尤其是粮食生产。没有农业和足够的粮食,工人都养不活,还谈什么发展重工业? 真想发展重工业,就要注重农业和轻工业。"1962 年 9 月在党的八届十中全会上,毛泽东提出发展国民经济

---

① 转引自刘文会《马克思恩格斯城乡统筹发展思想研究》,河北大学,2011 年,第 28 页。

要以农业为基础的思想,并形成了以农业为基础,以工业为主导的发展国民经济的基本方针。

(二) 正确处理农轻重关系

新中国成立后的一段时期,我国基本上是照搬前苏联的发展经验,按照重轻农的次序安排国民经济计划。1956年,毛泽东在总结过去的经验教训时,提出要按照农轻重的次序安排国民经济计划,1956年在《论十大关系》中指出:"你对发展重工业究竟是真想还是假想,想得厉害一点,还是差一点?你如果是假想,或者想得差一点,那就打击农业、轻工业,对它们少投点资。你如果是真想,或者想得厉害,那你就要注重农业、轻工业,使粮食和轻工业原料更多些,积累更多些,投到重工业方面的资金将来也会更多些。"①毛泽东的科学论断揭示了农业、轻工业与重工业间相互制约、相互促进的客观规律。1957年2月,在《关于正确处理人民内部矛盾的问题》中又指出:"我国是一个大农业国,农村人口占全国人口的百分之八十以上,发展工业必须和发展农业同时并举,工业才有原料和市场,才有可能为建立强大的重工业积累较多的资金。"②

(三) 统筹兼顾

毛泽东的城乡统筹兼顾思想是新中国城乡政策的基础。在1949年召开的中共七届二中全会上,毛泽东提出:"从现在起,开始了由城市到乡村并由城市领导乡村的时期。党的工作重心由乡村移到了城市。"③同时,也指出:"城乡必须兼顾,必须使城市工作和乡村工作,使工人和农民,使工业和农业,紧密地联系起来。绝不可以丢掉乡村,仅顾城市,如果这样想,那是完全错误的。"④1957年2月,毛泽东又进一步提出了"统筹兼顾,适当安排"的方针,在《关于正确处理人民内部矛盾的问题》中指出:"这里所说的统筹兼顾,是指对于六亿人口的统筹

---

① 《毛泽东文集》第7卷,人民出版社1999年版,第25页。
② 《毛泽东选集》第5卷,人民出版社1977年版,第400页。
③ 《毛泽东选集》第4卷,人民出版社1991年版,第1427页。
④ 《毛泽东选集》第4卷,人民出版社1991年版,第1427页。

兼顾。我们做计划、办事、想问题,都要从我国有六亿人口这一点出发,千万不要忘记这一点。……无论粮食问题,灾荒问题,就业问题,教育问题,知识分子问题,各种爱国力量的统一战线问题,少数民族问题,以及其他各项问题,都要从对全体人民的统筹兼顾这个观点出发,就当时当地酌实际可能条件,同各方面的人协商,做出各种适当的安排。"①

毛泽东统筹城乡的思想实质是工业和农业要并举发展,统筹兼顾,为处理城乡关系指明了方向,对于目前城乡统筹发展和社会主义新农村建设都具有重要的启示作用和现实指导意义。

三、邓小平对城乡统筹发展思想的进一步深化

邓小平城乡统筹发展思想是对毛泽东城乡统筹发展思想的继承和深化。改革开放时期,邓小平高度重视工业、农业的关系,高度重视城市和农村的关系,在继承毛泽东城乡统筹发展思想的基础上,提出了具有时代特征的城乡统筹发展思想。邓小平反复强调农业是根本、是重点,要把解决好农业、农村、农民问题放在各项工作的首位。1975年主持中央工作时,重提农业是基础的思想,指出:"要确立以农业为基础的思想,工业越发展,越要把农业放在第一位。"②

（一）推行家庭联产承包责任制

邓小平从我国仍是一个农业大国的基本国情出发,从解决农民的温饱问题着手,提出:"农村改革,我们搞联产责任制,允许农民有更多的经营管理权,使农民有积极性搞多种经营。这个决定一下去,百分之八十的农民积极性大大提高,见效非常快。"③推行家庭联产承包责任制,极大地调动了农民的生产积极性。

（二）工业支援农业的思想

邓小平深刻认识到中国的出路在于工业化,而工业化离不开农业

---

① 《毛泽东文集》第 7 卷,人民出版社 1999 年版,第 228 页。

② 《邓小平文选》第 2 卷,人民出版社 1994 年版,第 28 页。

③ 《邓小平年谱》下册,中央文献出版社 2004 年版,第 1015 页。

现代化的支撑,强调工业与农业、城乡间的相互促进关系。1962 年 7 月提出"工业支援农业"的思想。1975 年,在《关于发展工业的几点意见》中讲到:"确立以农业为基础、为农业服务的思想。工业支援农业,促进农业现代化,是工业的重大任务。工业区、工业城市要带动附近农村,帮助农村发展小型工业,搞好农业生产。"[1]1992 年,面对改革开放后城乡、工农业相互支持、相互促进下发生的巨大变化,进一步指出:"农业和工业,农村和城市,就是这样相互影响、相互促进。这是一个非常生动、非常有说服力的发展过程。"[2]

（三）重视政策和科学技术对农业发展的作用

邓小平非常重视国家政策和科学技术对推动农业发展所起的作用,指出:"农业的发展一靠政策,二靠科学。科学技术的发展和作用是无穷无尽的。"[3]"马克思讲过科学技术是生产力,这是非常正确的,现在看来这样说可能不够,恐怕是第一生产力。将来农业问题的出路,最终要由生物工程来解决,要靠尖端技术。对科学技术的重要性要充分认识。"[4]"农业问题也要研究,最终可能是科学解决问题。"针对我国农村科技水平落后和人才缺乏的现状,指出"要大力加强农业科学研究和人才培养"[5],"靠空讲不能实现现代化,必须有知识,有人才。没有知识,没有人才,怎么上得去?"[6]改革开放以后,我国农业快速发展的主要原因之一在于制定了一系列切实可行的有效政策,这些政策调动了农民的生产积极性,并通过先进的科学技术,促进农业快速发展。

邓小平的城乡统筹发展思想为农村改革指明了方向,促进了农业发展、农民增收,农村经济才得以快速发展,同时对我国的工业化进程也起到了重要的助推作用。

---

① 《邓小平文选》第 2 卷,人民出版社 1983 年版,第 28 页。

② 《邓小平文选》第 3 卷,人民出版社 1993 年版,第 376 页。

③ 《邓小平文选》第 3 卷,人民出版社 1993 年版,第 17 页。

④ 《邓小平文选》第 3 卷,人民出版社 1993 年版,第 275 页。

⑤ 《邓小平文选》第 3 卷,人民出版社 1993 年版,23 页。

⑥ 《邓小平文选》第 2 卷,人民出版社 1994 年版,第 4 页。

四、江泽民的城乡统筹发展思想

(一) 高度重视"三农"问题

江泽民继承了毛泽东、邓小平农业思想,并在此基础上从战略和全局的高度,把农业、农村及农民问题作为整体谋划,提出高度重视"三农"问题的战略思想。江泽民指出:"农业和农村工作,是关系治国兴邦的重大问题。农业上不去,整个国民经济就上不去;农村不稳定,整个社会就不安定;农村经济得不到相应发展,国民生产总值再翻一番、人民生活达到小康水平就不可能实现。"①同时指出:"农业是国民经济的基础、农村稳定是整个社会稳定的基础,农民问题始终是我国革命、建设、改革的根本问题,这是我们党从长期实践中确立的处理"三农"问题的重要指导思想。各级党委和全党同志,主管农业和农村工作的部门以及其他部门,在任何时候任何情况下都千万不能忘记这个重要指导思想,必须坚持不懈地把它贯穿于我国社会主义现代化建设的全过程,绝不能有丝毫动摇。"②江泽民还对"三农"问题在我国经济社会发展中的基础性地位和战略性作用作了具体分析,指出:"没有农业的牢固基础,就不可能有我国的自立;没有农业积累和支持,就不可能有我国工业的发展;没有农村的全面进步,就不可能有我国社会的全面进步;没有农村的稳定,就不可能有我国整个社会的稳定;没有农民的小康,就不可能有全国人民的小康;没有农业的现代化,就不可能有整个国民经济的现代化。"③

(二) 推进农村改革

江泽民指出,农村经济体制改革的总目标是,"建立以家庭承包经营为基础,以农业社会化服务体系、农产品市场体系和国家对农业的支持保障体系为支撑,适应发展社会主义市场经济要求的农村经济体

---

① 《江泽民文选》第1卷,人民出版社 2006 年版,第 243 页。
② 《江泽民文选》第1卷,人民出版社 2006 年版,第 258 页。
③ 《江泽民文选》第1卷,人民出版社 2006 年版,第 259 页。

制"①,必须"按照建立社会主义市场经济体制的目标,坚定不移地把农村改革引向深入"②。

（三）重视科技兴农

江泽民继承并发展了邓小平关于科学技术是第一生产力的思想,在农业的发展过程中十分重视科学技术的作用,指出："推进农业现代化必须依靠科学技术,农民要富起来,还得走科技兴农的路子,需要把发展科学技术同深化农村改革结合起来。"③"要大力推进农业科技革命,用生物工程、信息技术等现代科学技术,改造传统落后的农业生产方式,提高农业劳动生产率,提高农产品产量。"④同时还指出："要紧密结合农村改革开放和现代化建设的实际,通过多种形式,组织广大农民和农村基层干部学习先进实用的种植、养殖和农产品加工等实用技术,商品生产、市场营销、经营管理以及卫生保健、计划生育、环境保护和法律等方面的基本知识,使他们牢固树立崇尚科学、破除迷信的思想观念,增加识别各种违反科学的歪理邪说的能力。"⑤在江泽民科技兴农思想的指导下,我国制定并实施了推进农业科技进步、实施科技兴农的政策措施,极大地提高了农业劳动生产率。

（四）提出城乡统筹发展战略

为解决市场经济条件下城乡失衡问题,促进城乡协调发展,以江泽民为核心的第三代党的领导集体首次提出"城乡互动"的思想,2002年在党的十六大提出："统筹城乡经济社会发展,建设现代化农业,发展农村经济,增加农民收入,是全面建设小康社会的重大任务。"

（五）推进乡镇企业发展和小城镇建设

乡镇企业有利于消除城乡差别、增加农民的收入、吸纳农村富余劳动力,因此,江泽民高度重视乡镇企业在农村经济社会改革中的重

---

① 《江泽民文选》第 2 卷,人民出版社 2006 年版,第 213—214 页。
② 《江泽民文选》第 2 卷,人民出版社 2006 年版,第 212 页。
③ 《高度重视和大力发展科学技术》,《经济日报》1991 年 8 月 8 日。
④ 《论科学技术》,中央文献出版社 2001 年版,第 103 页。
⑤ 《论科学技术》,中央文献出版社 2001 年版,第 170 页。

要性,认为缩小城乡差距的重要途径之一是推动乡镇企业建设。此外,江泽民高度重视农村剩余劳动力的转移问题,小城镇通过农民的市民化、城镇化有利于解决农村的剩余劳动力问题,提出应大力发展小城镇,指出:"发展小城镇是个大战略。城乡差距大,农业人口多,是长期制约我国经济良性循环和协调发展的重要因素。加快小城镇建设,不仅有利于转移农业富余劳动力,解决农村经济发展的一系列深层次矛盾,而且有利于启动民间资本、带动最终消费,为下世纪国民经济发展提供广阔的市场空间和持续的增长动力。"[1]还指出:"农村富余劳动力向非农产业和城镇化转移,是工业化和现代化的必然趋势。要逐步提高城镇化水平,坚持大中小城市和小城镇协调发展,走中国特色的城镇化道路。"[2]

五、胡锦涛对城乡统筹发展问题的重大创新

胡锦涛统筹城乡发展思想是在科学发展观的指导下打破城乡二元经济结构,从根本上解决城乡差距的重大举措。

(一)提出统筹城乡发展的思想

胡锦涛在党的十六届三中全会上明确提出:"坚持以人为本,树立全面、协调、可持续的发展观,促进经济社会和人的全面发展。"按照"统筹城乡发展、统筹区域发展、统筹经济社会发展、统筹人与自然和谐发展、统筹国内发展和对外开放"的要求推进各项事业的改革和发展,把统筹城乡发展作为"五个统筹"的首位,可以看出统筹城乡发展的重要性。党的十六届五中全会明确提出:"积极推进统筹城乡发展","按照生产发展、生活宽裕、乡风文明、村容整洁、管理民主的要求,坚持从各地实际出发,尊重农民意愿,扎实稳步推进新农村建设"。提出了用城乡统筹的思路建设社会主义新农村的要求,把统筹城乡发展和建设社会主义新农村的战略要求写入党和政府文件,制定以工补农、以城带

---

① 《论社会主义市场经济》,中央文献出版社 2006 年版,第 503 页。

② 《江泽民文选》第 3 卷,人民出版社 2006 年版,第 546 页。

乡的政策,统筹城乡和谐发展。在2004年党的十六届四中全会上提出:"农业是安天下、稳民心的战略产业,必须始终抓紧抓好。纵观一些工业化国家发展的历程,在工业化初始阶段,农业支持工业、为工业提供积累是带有普遍性的趋向;但在工业化达到相当程度以后,工业反哺农业、城市支持农村,实现工业与农业、城市与农村协调发展,也是带有普遍性的趋向。"①2007年10月在党的十七大报告中指出:"要加强农业基础地位,走中国特色农业现代化道路,建立以工促农、以城带乡长效机制,形成城乡经济社会发展一体化的新格局。"②这些论断是指导经济社会协调发展的战略思想、制定农业和农村政策的依据,为解决"三农"问题奠定了理论基础。

(二)"三农"问题是全党工作重中之重

党的历届领导人都高度重视"三农"问题,以胡锦涛为核心的党的领导集体不仅坚持农业的基础地位不动摇,而且把解决"三农"问题作为全党工作的"重中之重"。在2003年召开的中央农村工作会议上胡锦涛指出:"为了实现十六大提出的全面建设小康社会的宏伟目标,必须统筹城乡经济社会协调发展,更多地关注农村、关心农民、支持农业,把解决好农业、农村和农民问题作为全党工作的重中之重,放在更加突出的位置,努力开创农业和农村工作的新局面。"③在2004年的中共中央政治局第十一次集体学习时指出:"加强农业基础地位,高度重视并大力发展农业,是我们党一贯坚持的战略思想。农业是国民经济的基础,也是社会发展的基础。进一步加快农业发展,对我们紧紧抓住并切实用好重要战略机遇,实现全面建设小康社会的宏伟目标,加快推进社会主义现代化,具有十分重要的意义。"④2007年在党的十七大报告中指出:"解决好农业、农村、农民问题,事关全面建设小康社会大局,

---

① 《中共中央关于加强党的执政能力建设的决定》,《人民日报》2004年9月27日。

② 胡锦涛:《在中国共产党第十七次全国代表大会上的报告》,人民出版社2007年版,第23页。

③ 中共中央文献研究室:《十六大以来重要文献选编》(上),中央文献出版社2005年版,第112页。

④ 胡锦涛:《在中央政治局第十一次集体学习时的讲话》,《人民日报》2004年3月31日。

必须始终作为全党工作的重中之重。"①把增加农民收入作为农业和农村工作的中心任务,2004 年 3 月 29 日,胡锦涛同志在中央政治局第十一次集体学习时的讲话中,对农民增收问题又做出了重要意见。他指出:"要坚持把增加农民收入作为农业和农村工作的中心任务,坚持多予、少取、放活的方针,建立健全促进农民收入持续增长的长效机制。要继续推进农业和农村经济结构战略性调整,充分发挥各地的比较效益,不断开拓农民增收的空间。"②

（三）推进社会主义新农村建设

在建设社会主义新农村的问题上,胡锦涛发展了江泽民的思想。2005 年 12 月 31 日,《中共中央国务院关于推进社会主义新农村建设的若干意见》提出:"坚持以发展农村经济为中心任务。同时协调推进农村经济建设、政治建设、文化建设、社会建设和党的建设。着力解决广大农民生产生活中最迫切的实际问题,使农民真正受益;坚持农村基本经营制度,在实践中推进农村各方面制度的创新发展,为社会主义新农村建设提供有力的制度保障;坚持从实际出发,尊重农民意愿,科学规划,因地制宜,分类指导,不强求一律,不盲目攀比,不搞强迫命令,更不能搞形式主义,坚持充分发挥各方面的积极性,使社会主义新农村建设成为全党全国的共同行动。"③十七大报告也指出,"统筹城乡发展,推进社会主义新农村建设"④,并把它作为党"促进国民经济又好又快发展"的一条重要途径。

从实践看,中国共产党的领导人把处理城乡关系贯穿在中国革命、经济社会建设全过程中,认真对待城乡关系,并不断探索处理城乡关系的措施。城乡统筹协调发展为我国解决"三农"问题、建设社会主

---

① 胡锦涛:《在中国共产党第十七次全国代表大会上的报告》,人民出版社 2007 年版,第 23 页。

② 胡锦涛:《在中央政治局第十一次集体学习时的讲话》,《人民日报》2003 年 3 月 31 日。

③ 《中共中央国务院关于推进社会主义新农村建设的若干意见》,《人民日报》2006 年 2 月 22 日。

④ 胡锦涛:《在中国共产党第十七次全国代表大会上的报告》,人民出版社 2007 年版,第 23 页。

义新农村具有重要的指导意义。

第三节 城乡统筹发展的相关理论

一、区域经济空间转换理论

（一）核心—边缘理论

弗里德曼(Friedman)对发展中国家空间发展规划进行长期研究,利用创新思想建立空间极化理论,认为发展是由基本创新群汇成大规模创新系统的不连续的积累过程,迅速发展的大城市通常具备利于创新的条件。创新通常是由大城市向外围空间扩散,基于此 1966 年在其学术著作《区域发展政策》(*Regional development policy*)一书中提出核心—边缘理论。核心—边缘理论是一种关于城市空间相互作用和扩散的理论,该理论试图解释一个区域由互不关联、孤立发展→彼此联系、发展不平衡→相互关联平衡发展的过程。模型以核心和边缘作为基本的结构要素,核心区是具有较高创新变革能力的子系统,一般是指城市或者城市集聚区,工业发达、技术水平高、资本集中、经济增长较快;外围区是由核心区决定的子系统,与核心区相互依存,核心区与外围区组成了完整的空间系统,核心区在空间系统中处于支配地位。

弗里德曼(Friedman)重视核心区在空间系统中的作用,核心区作用表现在以下方面:一是核心区通过供给、市场、行政等系统组织外围依附区;二是核心区向其支配的外围区传播创新成果;三是核心区不断增长的自我强化特征促进了相关系统的发展壮大;四是随着空间系统内部间的信息交流的增加,创新将超越特定空间系统范围,核心区开始扩展,外围力量不断增强,引发新的核心区。

核心—边缘理论强调区域经济增长必然伴随经济空间结构改变。随着社会经济发展,经济空间结构的转变可划分为四个阶段:

阶　　段	特　　征
前工业化阶段	生产力水平低,经济结构以农业为主,工业产值的比重小于10%,各区域经济发展水平差异小。城镇的发展速度慢,并且各自呈独立的中心状态。
工业化初期阶段	城市开始形成,工业产值在经济中比重增长为10%—25%,核心区与边缘区经济增长速度差异逐步扩大。区域外资源要素由经济梯度低的边缘区流向经济梯度高的核心区,核心区的经济实力得以增强,核心区域边缘区的发展不平衡得以扩大。
工业化成熟阶段	快速工业化阶段,工业产值在经济中的比重为25%—50%。核心区发展较快,核心区域边缘区不平衡发展,核心区的要素开始向边缘区回流,边缘区工业产业群出现集聚。
空间相对均衡阶段	后工业化阶段,核心区的资金、技术、信息等要素向边缘区的流动加强。整个区域形成一个相互联系的城镇体系,形成大规模城市化区域,核心区域边缘区平衡发展。

核心—边缘理论在处理城市与乡村关系、国内发达地区与落后地区关系方面具有重要的实际价值,江苏省应根据工业化的不同阶段,对核心城市和边缘区进行正确定位,不断增强核心区的集聚带动效用,促进城乡相互协调共同发展。

(二)点轴开发理论

点轴开发理论由波兰经济家萨伦巴(Zaremba)和马利士(Malis)提出,点轴开发理论是在增长极理论的基础上形成的。法国经济学家佩鲁将在产业部门集中并优先发展的地区称为增长极。在一个区域内,增长极只能是具有区位优势和资源要素优势的少数点。增长极形成以后就会吸引周围的生产要素的集聚,使其不断发展壮大,同时使周围区域成为极化区。当极化效应达到一定程度后,会产生扩散效应,将生产要素扩散到周围区域,带动周围区域增长。点轴开发理论是增长极理论的延伸,随着增长极数量的增多,增长极间出现相互联结的交通线,称为发展轴,发展轴具有增长极的所有特点,且比增长极的作用范围广。从区域经济发展过程看,经济中心首先集中在条件较好地区,该经济中心是点轴开发模式的点。随着经济发展,经济中心不断增加,点与点之间,由于生产要素的交换需要交通干线、高压输电线、通讯设施线路、供水线路等工程线路,相互连接起来这就是轴线。这种轴线最初是为区域增长极服务的,但轴线一旦形成,就会对人口、产业产生吸引力,形成人口、产业向轴线两侧的集聚,产生新的增长点。点轴联通,形成了点轴系统。点轴开发理论可以理解为从发达区域大大小小的经济中心(点)沿交通线路向不发达区域纵深地发展推移。点轴开发理论的实践意义在于揭示了区域间经济不均衡发展,可通过点与点间资源要素的优化配置,然后通过轴带功能,促进资源要素的合理流动,促进整个区域的经济发展。

二、现代要素引入理论

美国经济学家、诺贝尔经济学奖获得者舒尔茨(Schultz)通过对发达国家和发展中国家的工业化、现代化进程及其现代生产要素的引入与配置进行比较研究,提出现代要素引入理论。研究认为转变二元经济结构的关键在于传统农业的现代化。

20世纪50年代,部分经济学家具有重工轻农思想,他们认为经济发展应等同于工业发展,并把农业部门当作为"落后部门",认为农业不但不能促进经济的增长,而且在一定程度上会影响工业发展,农业的作用仅仅为工业的扩张提供必要的劳动力,忽视了农业在原材料等方面对工业的促进作用。舒尔茨反对轻视农业的观点,指出农业可以作为促进经济增长的原动力,进而对国家的经济发展做贡献。舒尔茨通过对比研究发展中国家实行经济政策的效果指出,若一个国家在发展过程中推行重视工业轻视农业的政策,那么这个国家会面临重重困难;相反,高度重视农业发展的国家则衣食无忧。同时代的经济学家及官员认为农村之所以落后,是因为农民缺乏经济头脑,缺乏管理知识,不能充分有效的利用各种资源。舒尔茨认为农民在特定的制度及环境下已经实现了资源的优化配置,农村落后的原因在于部分发展中国家把工业化作为发展的中心,不重视农业的发展,粗放式的农业生产方式致使农业收益率低,削弱了农民的生产积极性。要想改变农村的落后状况,必须消除对农业的歧视,高度重视农业发展,引入新的生产要素,对农业生产进行技术创新,提高农民的技术水平,发展高效农业,提高农业的投资收益率,农民的生产积极性也会得到很好的激发,因此农业会更好的发展。①舒尔茨在对美国及其他发展中国家农业问题进行研究时,发现人的能力及技术水平的提高是现代农业生产率提高的重要源泉。土地面积一定,土地因素对农业发展的硬性逐渐减弱,人力资本的重要性越来越凸显。②舒尔茨为此提出了人力资本的概念,强调了人力资本在农业发展中的基础性作用。人力资本的投资收益率远高于其他投资,教育是人力资本投资的主要形式,农村初等教育是重要的农业人力资本投资。根据舒尔茨的研究,美国在半个多世纪的经济增长中,物质资本投资增加 4.5 倍,收益增加 3.5 倍;人力资本投资增加 3.5 倍,收益却增加 17.5 倍。1919—1957 年,美国 GDP 增长额的 49% 是人力资本投资的结果。在美国南部的农村,初等教育投资增加 10%,产出增加则高达 30%③。究其原因是教育投资有两大特征,一是长期性,长期投入会得到长期产出;二是广溢性,教育投资的增加相对于物质资本存量的增加更能促进经济的增长,降低生产要素的投入成本,提高劳动生产率,进而增加农民收入。

　　现代要素引入理论对江苏省乃至全国统筹城乡发展具有重要的启示意义。中国的大部分农村地区虽具有资源禀赋优势,但长期以来滞后的教育投资导致人力资本缺乏,农业生产技术水平低,农产品的加工程度不高,附加值低,而且由于信息不对称,农民不能及时了解市场需求,导致农民在市场上不能获得应有的收益。因此,消除城乡二元结构,改造传统农业,发展现代农业,缩小城乡差距的关键在于农村的

---

① James.C.Scott,*The Marla Economy of The Peasant*,Yale University Press,1976:78 - 82.

② Potter,R.B.and Tim Unwin,*The geography of urban-rural interaction in developing countries*,London and New York,1989:43 - 45.

③ 荆玲玲:《黑龙江省城乡统筹发展水平评价与对策研究》,哈尔滨工程大学,2007 年,第 28 页。

人力资本投资与积累。

三、人口迁移理论

人口迁移是指人口在空间位置的移动,是一种社会现象,受经济社会、政治、环境、人的心理等因素的共同影响,是一种复杂的社会行为。人口迁移活动对一个国家、一个地区、一个家庭以及个人都会产生很大的影响,对一个国家和地区来说,人口迁移会改变人口的数量及密度,影响劳动力的供给结构和数量,影响劳动供给和需求,进而影响经济社会的发展;对家庭和个人而言,人口迁移可以改变其生活环境及生活条件,生活水平和质量得以提高或降低。伯奇(Burge,1969)提出的推拉模型认为人口迁移是由迁出地的推力、拉力和迁入地的拉力、推力共同作用的结果,若迁入地的拉力大于迁出地的推力,人就会向迁入地流动;相反,若迁入地的推力大于迁出地的拉力,人就会回流到迁出地。美国学者李(E.S.Lee,1966)在其《迁移理论》中系统总结了推拉力理论,认为影响劳动力迁移的因素为与迁入地相关的因素、与迁出地相关的因素、中间障碍以及个人因素。发展经济学中的人口迁移理论以刘易斯和托达罗模型为代表。刘易斯将一个国家的经济分为农业和工业两部门,认为城市工业部门的劳动边际收益率高,吸引农村富余劳动力不断向城市流动,城市工业部门以其高劳动生产率以及低劳动成本获得超额利润,城市工业部门不断得以扩张以吸纳更多的农村劳动力,直至工业部门和农业部门的劳动生产率相等。

人口迁移理论的实质是通过政策引导、经济支持等促进劳动力的合理流动,通过流动促进劳动力资源的优化配置,提高劳动生产效率,加速城市化进程,提高农民收入,提升农民生活水平及质量。通过人口的有序流动,可以消除人口流动的不合理、不对称性,促进城镇生活方式和消费结构的升级,促进小城镇的发展,提升小城镇的空间承载力,提高城镇化率。

人口迁移理论启示我们,由于不同区域的生活成本不同,收入水平决定了人口的生活区域。因此,江苏省在统筹城乡发展过程中,要遵循这一理论,通过完善农村新社区、新城镇、县级及市级区域经济文化中心,为不同收入的人群创建相应的生活区域,促进人口的合理流动,降低生活成本,提高收入水平,提升生活质量。

第三章　城乡统筹发展的一般分析

第一节　城乡统筹发展的本质与特征

一、城乡统筹发展的本质

城乡统筹发展的实质,是解决"三农"问题,促进二元经济结构的转变。我国正处在深刻的社会转型过程中,即从城乡二元经济结构向现代社会经济结构转变。这将是今后几十年我国社会经济发展的基本走向。

城乡统筹发展的本质,就是把城市和农村经济与社会发展作为整体来统一规划,通盘考虑,把城市和农村存在的问题及其相互因果关系综合起来统筹解决;把工业化、城市化、农业农村现代化有机整合起来,促进城乡二元经济结构向现代社会经济结构的转变,实现城乡产业融合联动、城乡公共服务均等化、城乡居民生活同质化、城乡发展一体化。

二、城乡统筹发展的特征

(1)全面性。城乡统筹发展就是将城乡作为一体的经济社会系统进行考察,科学地认识城乡关系,对城乡经济社会全面发展统筹规划、通盘考虑;并在统筹发展中处理好整体与局部的关系,做好重点和关键的工作。

(2)开放性。依据系统的开放性原理,保持系统以及子系统的开放性是系统运行和达到最优化的必要条件。在城乡统筹发展格局中,城市与农村作为经济社会系统中的两个子系统,各个层次的主体或节点之间应该在市场机制基础上建立起密切的联系,实现资源的自由流动,优化配置,以优势互补推动城乡的统筹发展。

（3）平等性。系统的正常有序运转有赖于内部结构的稳定,子系统地位、力量的悬殊显然不利于系统"体内动态平衡"的实现,不利于系统正常运转与发展。因此,城乡统筹发展就是要打破城乡分治的体制,实现城乡之间"机会的平等"和"权利的平等";对农民实行国民待遇,给予农民平等的发展权力和自由的发展空间,使农民与市民享有平等的发展机会。

（4）协调性。客观地讲,城市与乡村既是两个异质领域和系统,二者在经济、文化、生态以及功能等各方面都是有差异的,同时又是互相依赖的,是异质性和互补性的有机统一体。因此,城乡统筹发展既不是城乡无差别的整齐划一发展,即把各类资源平均分配到各个层次的主体和子系统;也不是由以前的"城市偏向"走向另一个极端"农村偏向",把有限的资源集中投向农村,进行非均衡发展。城乡统筹发展既要以城乡在功能、禀赋等方面的差异为前提,坚持市场经济机制基础上发展的非均衡性,充分发挥市场实现资源的有序流转和价值最大化的功能;同时又要以二者之间的互补性为基础,通过政府有效的宏观调控对非均衡发展的"循环累积因果效应"加以必要的调节,弱化其可能造成的各层次主体之间资源流通的非互惠性以及"马太效应"。即在差异性和互补性的基础上,通过密切城乡之间的联系、沟通与互动,增强城市和农村的自我发展潜能,同时,通过城乡之间横向的、广泛的经济合作与社会协调,以分工效益和协作效益为动力,增强整个系统的经济社会发展能力。

第二节　城乡统筹发展的内在机理

一、制度创新是城乡统筹发展的前提

城乡统筹协调发展,要推进城乡户籍制度改革、农村土地制度改革、社会保障制度改革、农村集体产权制度改革、农民住房制度改革,破除城乡二元体制,制度改革是城乡统筹发展的前提。只有依靠制度创新,调整城乡收入分配格局,农业增产、农民增收和农村社会事业发展才能有所保证;只有依靠制度创新,破除发展过程中的瓶颈制约,才能促进资金、人才、技术等要素在城乡间自由流动;只有依靠制度创新,农民、农村的自我发展水平及内在发展能力才能不断提高。

二、城市化与新农村建设互动共进是城乡统筹发展的关键

我国已进入从工业化推动发展向城市化引领发展转变的新阶段。城市化不仅是人口与产业的空间集聚过程,而且也是进城农民的市民化过程。城市化战略和新农村建设战略是我国现阶段经济社会转型发展的两大重要战略,两者缺一不可。社会主义新农村建设包含着农村空间格局的改变,包含着农村人口的转移过程,新农村建设必须在城市化框架中进行,必须与城市化进程有机结合。城市化既是一种过程,同时又是一种体系,城市化包含着大中小城市、中心镇、中心村的发展与协调。在城乡统筹发展过程中,城市化和新农村建设应有机结合,互动共进,双轮驱动。

三、政府推动是城乡统筹发展的根本保证

城乡统筹发展要在坚持市场对城乡资源优化配置的基础上,突出政府在公共品供给、基础设施建设和收入再分配等方面的重要作用。在推进城乡统筹发展过程中,仅依靠市场机制,人才、资本、技术等先进生产要素很难自由流向农村弱势地区;另外,城乡统筹发展过程,像基础设施建设、生态环境建设、社会保障和公共服务等方面,由于"市场失灵"的存在,完全依靠市场并不能得到有效解决,为此,必须依靠政府这只"看得见的手"来发挥作用。政府是推动城乡统筹发展的主体,没有政府的制度改革、规划设计、政策实施,很难实现城乡发展一体化目标。政府作为统筹城乡发展战略的制定者及执行者,应从全局出发,充分发挥好政府的作用,制定切实有效的城乡统筹发展战略。

四、市场经济是城乡统筹发展的内在动力

随着工业化进程的推进,农村与城市间的关系越来越紧密,农村发展与城市发展的依存度越来越高。城市工业化依附的市场经济体制使得城乡趋于融合,相对于自然经济和计划经济,市场经济的突出优势是能够有效地调节微观经济活动,高效地配置资源。资源的自由流动是市场经济高效配置资源的前提,当市场经济发展到一定程度的时候,城市中开始感受到资源的需求压力,农村与城市必然互动。[①] 城乡统筹发展,要不断加大工业反哺农业、城市支持农村的力度。

五、政策是城乡统筹发展的外在推动力

工业化实施的初始阶段,为保证工业化更好的发展,实施农业支持工业策略,为工业化提供必要的资本积累是经济发展的必然需要,但在工业化发展到一定的程度,工业在一国经济中具有举足轻重的作用,而农业发展仍然相对薄弱,工农业发展出现差距并呈日益扩大的趋势时,国家应适时调整发展政策,加大工业对农业、城市对农村的扶持力度,实行工业反哺农业的发展措施,以工业促进农业、城市支持农村,实现工业与农业间的协调发展,提高城乡统筹发展水平。

第三节　城乡统筹协调发展的影响因素

一、社会因素

影响城乡统筹发展的社会因素主要为社会制度和教育水平,社会制度主要表现为户籍制度、社会保障制度和就业制度。城乡分割的户籍制度对城乡统筹发展产生很大的影响,户籍制度限制了农村劳动力的自由流动,制约了农村富余劳动力获得到城镇就业、生活、

---

① 于善波:《黑龙江省统筹城乡发展的动力机制与路径选择研究》,《农业经济》2010 年。

受教育的机会,使得农村居民不能与城镇居民平等的参与市场竞争,农村劳动力流动的限制在一定程度上也会抑制城镇的发展,会使得城镇缺乏发展过程中所需要的必要劳动力。农村户口和非农村户口的区分导致了城乡产业结构及就业结构的失衡,阻碍了农村城镇化的进程。对于社会保障制度,城镇的社会保障制度不断得到完善,城镇居民的养老保险、医疗保险等比较健全,而农村的社会保障亟待完善,农村居民的最低生活保障扶持力度较低,农村医疗保险制度还不能实现全员覆盖,农村弱势群体的利益不能很好的得到保障,农村居民不能与城镇居民享有平等的医疗、养老、最低生活保障等。农村社会保障本是保护农民的切实利益,提高农民的生活质量,增强农民幸福感,但城乡社会保障制度的不公平,阻碍了农村社会事业的发展,不利于社会主义新农村的建设,不利于社会的稳定、健康发展,所以政府应发挥主体作用,积极正确的合理引导农村社会保障制度的完善,切实维护农民的权益。随着农业生产率的不断提高,农村剩余劳动力不断涌现,大量的农村剩余劳动力就需向城镇转移,由于歧视性就业制度的存在,劳动力并不能很顺利的获得相对公平就业机会,农民工在城镇的不公平就业待遇一方面不利于激发农民工的工作积极性,造成人力资源的严重浪费;另一方面容易使心理承受能力差的劳动者产生厌世、报复社会的心理,这不仅不利于和谐社会的建设,同时对城镇的发展也产生不利的影响,在一定程度上会抑制了城乡统筹发展。

教育是一个民族最根本的事业,是中国特色社会主义建设的基石,教育为城乡统筹发展提供了必要的人才和智力支撑。农村受传统文化影响较大,农民的自身文化素质都不高,农村地区存在教育经验不足、师资力量薄弱、教学设备落后、中小学辍学率高、职业教育发展得不到足够重视等问题,致使农村的教育水平低,农村的教育发展滞后,造成农民的文化素质低,职业技能不高,农业的现代化生产受阻,农村剩余劳动力外出务工因技能受限不能找到适宜的工作。农村地区的低水平教育抑制了农村经济的快速发展,阻碍了城乡统筹发展的进程。为此,应加大对农村教育的投入,提高教学水平,为农村学生提供公平的教育环境,大力发展职业教育,提高农民的职业素质,缩小城乡教育水平的差距,推动城乡统筹发展的顺利进行。

二、经济因素

1. 城乡经济结构

当前城乡经济中,城市经济以现代化的大工业生产为主,产业结构以二三产业发展为主,交通、邮电通信、卫生和教育等经济性和社会性基础设施健全,社会生活水平高。随着工业化及城市化进程的加快,城市以其良好的发展基础、广阔的投资空间以及发展机遇吸引人才、资金、技术等的不断积聚,产业结构不断得到优化升级,促进了城市的快速发展。农村经济以典型的小农经济为主,局限于以粮食种植为主的较为单一而低效的小农经营,水利、交通、教育等经济性和社会性基础设施落后,社会生活水平低,城乡经济结构差异导致农村在教育、卫生、生态等方面与城市存在着较大的差距,严重影响了城乡统筹发展的进程。因此,应优化城乡经济结构,合理布局城乡经济,引导城乡要素的合理流动,以促进对城乡统筹的协调发展。

2. 城乡居民收入

城市居民收入大幅增长,城镇居民的可支配收入由 1990 年的 1464 元增长到 2010 年的 22944 元,农村居民收入也有较大的增长,由 1990 年的 884 元增长到了 2010 年的 9118 元,但农村居民的人均收入的增长率低于城镇居民;同时,城乡居民间收入差距持续拉大,城乡居民的收入差距由 580 元增长为 13826 元,城乡居民收入比由原来的 1.656:1 扩大到了 2.516:1。高收入者大部分都集中在城市,低收入者大部分集中在农村,城乡居民收入的差距直接影响了城乡经济发展水平的差距。在城乡统筹发展协调度的度量中,城乡居民的收入差距是一个很重要的指标,城乡居民收入差距必然影响城乡统筹的协调发展。

三、政策因素

在长期的经济发展过程中,政策的制定偏向于城镇,有利于城镇的发展而不利于乡村地区的发展,城乡间存在不同的劳动力流动政策、社会保障制度、财政金融政策等。在劳动力流动制度中,城市对农村剩余劳动力的限制政策抑制了农村劳动力的流动,同时农民工的医疗、教育等社会保障水平低于城镇居民,影响了农民的进城积极性。一方面会造成城市部分企业劳动力供给不足,近年来,部分城市所出现的"用工荒"就是非常好的例证;另一方面也影响了农村劳动力收入的提高,生活水平的提升。此外,农村地区的社会保障体系不健全,农村居民不能享受到与城市居民同等的待遇;农村金融政策的不完善,造成农民及乡镇企业贷款难,不利于农村的发展;政府支农体制尚不健全,财政支农的力度很小,极不利于农业经济的发展。

第四章 江苏省城乡统筹发展的现状分析

第一节 我国城乡统筹发展的阶段

新中国成立以来,我国城乡关系主要经历了四个阶段:1949—1978年的城乡分离阶段;1979—1984年的城乡经济关系调整阶段;1985—2003年的城乡差距扩大阶段;2004年至今的统筹城乡协调发展阶段。

一、1949—1978年:城乡分离阶段

这一阶段表现的主要特征是农业支持工业、农村支持城市。新中国建立时我国经济社会发展极度落后,1949年人均GDP只有100元左右,工农业总产值中,农业所占比重为70%,工业占比为30%,其中现代工业仅占17%。1953年我国开始了大规模社会主义建设,实施重工业优先发展战略,投资上过度向工业尤其是重工业倾斜,1952—1978年重工业投资占国民经济基本建设投资的49%,财政支农的资金占财政预算支出的比重在15%以下(除1960—1962年比重在25%以上)。为实现重工业优先发展战略,在资金流动上,城乡间资金流动严重不协调,通过计划经济体制和统购统销的经济制度等,以工农产品"剪刀差"的形式吸收农业的剩余为工业的发展提供资金、物质支持,农民储蓄以农村存贷款差额的形式向城市流动。据统计1952—1957年,从农业部门吸收的资金为475亿元,占同期财政收入的比重为31%;1959—1978年该资金额高达4075亿元,占同期财政收入的比重为21%;1952—1978年工农产品剪刀差从17.9%增长为25.5%,绝对量

从 7.4 亿元增加到 36.4 亿元。改革开放前,农村的存款增加额大于贷款增加额,两者间的差额"一五"期间为 3.5 亿元,"四五"时期上升为 28.4 亿元,"五五"时期进一步上升为 117.1 亿元。在资金流动上,农村是资金净流出方,为工业发展、城市建设提供资金,由于对农业的财政支出少而对农业的吸收较多,导致农业发展基础薄弱,发展后劲不足,农业的发展滞后于工业;在人口流动上,主要表现为农村剩余劳动力向城市以及农村非农产业流动,城市劳动力也向农村转移,但具有明显的政策、政治倾向。"一五"时期,农村转移到城市的人口为 1500 万,城镇人口的比重从 12.5% 上升到 15.4%,"二五"期间,为保证"大跃进"对劳动力的需求,国家通过行政手段从农村抽调大量劳动力,1958—1960 年城市人口增加了 3124 万人,与 1957 年相比净增城市人口近 1/3[①],由于农业不能支撑增加的城市人口消费,1961 年进行城乡人口大调整,动员人们返回农村,全国城市人口减少 2000 万左右。从 1966 年"文化大革命"开始,出现了第二次城市人口向农村流动的现象(知识青年"上山下乡"),1600—1900 万知识青年、知识分子及家属从城市迁往农村,城市人口比重从 19.8% 下降至 17.9%。[②]

二、1979—1984 年:城乡经济关系调整阶段

十一届三中全会确立了以经济建设为中心,实行改革开放的重大决策,改革首先在农村率先发起。1979 年在农村推行家庭联产承包责任制,1982 年 12 月《宪法》规定乡镇为农村的行政区域,人民公社制度得以瓦解,逐渐放开了农产品市场,工农产品之间可以自由交换,生产要素市场也开始出现,劳动力和资本得以在城乡之间自由流动。农村改革解放和发展了社会生产力,调动了农民的生产积极性,提高了农业生产率,农业生产快速增长,农村经济空前迅速发展。1984 年全国粮食生产全面过剩,当年粮食总产量突破了 4 亿吨,为 40750 万吨,比

---

① 顾朝林、浦善新:《中国设施预测与规划》,知识出版社 2004 年版。
② 蔡建明、陆大道:《中国区域发展的理论与实践》,科学出版社 2003 年版。

1978 年净增 1 亿吨。[①] 1978—1984 年,按可比价格计算的农业总产值增长为 55.4%,年均增长为 7.6%,农业增加值的年均增长为 7.3%;同期工业总产值年均增长为 9.5%,增加值的年均增长为 8.8%。[②] 在此情况下,政府开始对价格体制进行改革,改革开放后开始逐步减少农产品统购以及派购的数量和品种。党的十一届三中全会制定的《关于加快农业发展若干问题的决定》规定:粮食统购价格 1979 年上市起提高 20%,超购部分在此基础上再加价 50%,棉花、油料、畜产品、水产品等的收购价格分情况逐步作相应的提高。[③] 通过价格调整,1983 年的农副产品收购价格比 1978 年增长了 47.7%。1984 年与 1983 年相比提高了 4%。伴随流通体制的改革以及流通政策的调整,城乡商品的流通关系得以改善,农村市场得以迅速扩张,且速度和比例较改革开放前有很大的提升。1979—1984 年间,城镇社会商品零售总额年均增长率为 13.3%,农村的年均增长率为 17.6%,农村在社会商品零售总额所占比重由 52%增长为 58.5%。该时期出现了生产要素市场,劳动力和资本在城乡间开始流动,劳动力流向外省、大城市的人数增多,据不完全统计,1979—1984 年进城的劳动力年均 95 万人,同时还出现部分城市劳动力向农村流动的现象;工农产品价格"剪刀差"明显缩小,国家财政对农业支出和通过金融渠道流入农村的资金有所增加。另外,城市人才及技术也向农村流动,企事业单位的科技人才和管理人员流向乡镇企业,科技成果向农村流动的速度也明显加快。[④] 总体说,这时期城乡关系得以明显改善。从城乡收入变动看,城乡居民人均收入差距不断缩小,1978—1984 年间由于农村居民收入增长迅速,城乡居民收入差距不断缩小,1978 年城镇居民的人均收入是农村居民的 2.57 倍,

① 崔晓黎:《新中国城乡关系的经济基础与城市化问题》,《中国经济史研究》1997 年第 4 期。

② 蔡加福:《1949—1995:我国城市化不同阶段的经济结构特征》,《理论学习月刊》1997 年第 7 期。

③ 中共中央文献研究室编:《新时期经济体制改革重要文献选编》(上册),中央文献出版社1999 年版,第 25、318 页。

④ 赵保佑、李军法:《统筹城乡经济协调发展与科学评价》,社会科学文献出版社 2009 年版,第 160 页。

随后该比值不断降低,1984 年降为 1.82;1978 年城乡居民的消费支出比为 2.9:1,1984 年降为 2.12:1。

三、1985—2003 年:城乡差距扩大阶段

1985 年起,国家的改革重心开始向城市倾斜,财政资金以及各种资源要素开始向城市偏移,社会保障制度以及财税制度也从农村向城市倾斜。从产业关系上,1985—2002 年,工业增加值年均增长 12.3%,农业增加值年均增长仅为 3.8%,工农业的增长速度之比为 3.2:1,工农业的增长速度落差较大,农业进入低速增长时期,工业则呈现超高速增长态势。1985—1988 年是农业陷入低谷而工业高涨的时期,工业增加值的年均增长率为 14%,农业增加值的年均增长率为 3.1%,工农增加值增长速度之比为 4.5:1,工农关系陷入失衡状态。1989—1991 年国家通过治理整顿,农业发展得以改善,工业发展处于低落状态,工农增加值年均增长率分别为 7.3%、4.2%,增长速度之比为 1.7:1,工农关系有所改善,1992—1994 年间农业增长乏力,而工业增长迅速,工业增加值的年均增长率为 20.3%,农业增加值的年均增长率为 4.5%,两者之比为4.5:1,工农关系又出现严重的不协调。1995—1997 年工业增加值的年均增长率回落到 12.6%,农业增加值的年均增长率仍为 4.5%,两者之比为 2.8:1。受亚洲金融危机的影响,1998—2003 年工业增加值的年均增长率降为9.8%,农业增加值的年均增长率为 2.8%,两者之比为 3.5:1,工农关系在低速增长中有所恶化。从城乡间资本流动,1985 年以后再次出现不协调的状况,且有不断恶化的态势。国家财政对农业基建支出占全国投资总额的比重,20 世纪 80 年代初期维持在 6% 以上,1984 年降为 5%,1985 年继续下降为 3.3%,此后的几年一直没有超过 4%,农业投资所占比重不断下降,而工业投资所占比重却不断上升。改革开放初期城市资金向农村流动的态势直到 1984 年基本结束,1985 年又出现农村资金向城市流动的现象,并且流动量越来越大。根据《1995 年经济绿皮书》计算,1985—1989 年农村存款额大于贷款额净流出资金为 79.3 亿元,90 年代以来农村资金通过存贷款

差额流出的资金每年均在 100 亿元以上,其中 1994 年更高达 368 亿元。财政和金融两个方面,1985—1994 年农村流向城市的资金为 4192.3 亿元,平均每年为 419 亿元,1994 年竟高达 1444 亿元。[①] 1985—2003 年间,城乡收入差距也呈波动性上升趋势,1978—1985 年间,农民收入增长迅速,城乡收入差距一度被缩小,1986 年后城乡收入差距不断扩大,2003 年城乡收入差距竟达到改革开放以来的最高点,城镇居民的人均收入是农村居民的 3.23 倍。1985 年城乡居民人均收入差距 300 元,1992 年城乡居民人均收入差距超过 1000 元,1994 年超过 2000 元,2003 年高达 5850 元,2003 年农村居民的人均收入水平与城镇居民 1993—1994 年的人均收入水平持平。1985 年城乡居民的消费支出差距之比为 2.12∶1,随后该比重不断扩大,2000 年城镇居民的消费支出是农村居民的 2.99 倍,2003 年该比值增长为 3.35。

四、2004 年至今:城乡统筹协调发展阶段

党的十六大以来我国进入了"以城带乡、以工促农"的阶段,经济高速增长,2004 年 GDP 超过 15.96 亿元,人均 GDP 达到 1500 美元以上,城镇化水平为 41.8%,据有关实证和理论研究,人均 GDP 超过 1000 美元时,即可进入工业反哺农业、城市支持农村的发展阶段,在这一阶段城乡统筹发展是必经之路。我国已进入工业化中期;政府的财政实力不断增强,2004 年国家的财政收入超过 3 万亿,国家有足够的能力将农村支持工业、乡村支持城市的城乡关系转变为工业反哺农业、城市带动乡村的城乡关系。党的十六大三中全会上提出统筹城乡发展、统筹区域发展、统筹经济社会发展、统筹人与自然和谐发展、统筹国内发展和对外开放,并把统筹城乡发展放在首位,表明党中央对统筹城乡发展的重视程度,也表明统筹城乡发展对解决"三农"问题、建设社会主义新农村、实现社会主义现代化的重要性。2004 年胡锦涛总书记在党

---

① 赵保佑、李军法:《统筹城乡经济协调发展与科学评价》,社会科学文献出版社 2009 年版,第 162 页。

的十六届四中全会上提出农业是"安天下、稳民心"的战略产业,必须始终抓紧抓好。纵观一些工业化国家发展的历程,在工业化初始阶段,农业支持工业、为工业提供积累是带有普遍性的趋向;但在工业化达到相当程度以后,工业反哺农业、城市支持农村,实现工业与农业、城市与农村协调发展,也是带有普遍性的趋向的"两个趋向"的重要论断。[1] 2007 年 10 月在党的十七大报告中指出要加强农业基础地位,走中国特色农业现代化道路,建立以工促农、以城带乡的长效机制,形成城乡经济社会发展一体化新格局。[2] 2004—2011 年,党中央、国务院出台了八个关于解决"三农"问题的 1 号文件,制定了"工业反哺农业、城市支持农村和多予少取放活"的基本方针,明确了走中国特色农业现代化道路的基本方向、建设社会主义新农村的战略任务、促进城镇化健康发展的重大任务,加快形成城乡经济社会发展一体化新格局的基本要求,初步搭建起城乡经济社会发展一体化的制度框架。[3]

第二节　江苏省经济发展现状分析

改革开放以来,江苏省各区域不断发展,经济实力显著提升,GDP总量和人均 GDP 较往年有较大提升,城乡居民的收入水平显著提升,但不容忽视的是城乡居民间的收入差距却呈扩大趋势。

一、江苏省经济发展水平

经济的发展水平是衡量某一区域发展水平的重要指标之一,经济学中常以 GDP 作为衡量区域经济发展水平的指标。GDP 表示在一定时期内,一国或地区在经济活动中生产的全部最终产品和提供劳务的市场价值的总值。本书选取 GDP 来反映江苏省经济发展的总规模,人

---

[1]　《中共中央关于加强党的执政能力建设的决定》,《人民日报》2004 年 9 月 27 日。

[2]　胡锦涛:《在中国共产党第十七次全国代表大会上的报告》,人民出版社 2007 年版,第 23 页。

[3]　李兵弟:《中国城乡统筹规划的实践探索》,中国建筑工业出版社 2011 年版,第 8 页。

均 GDP 反映经济的发展水平,通过计算 2010 年江苏省 13 个市的GDP 和人均 GDP 值反映经济发展水平。

表 4-1　2010 年江苏省 13 市经济发展水平指标

	GDP(亿元)	占全省的比重(%)	常住人口(万人)	人均 GDP(元)
南京	5130.65	12.39	800.76	65273
无锡	5793.30	13.98	637.56	92167
常州	3044.89	7.35	459.33	67327
苏州	9228.91	22.28	1046.85	93043
镇江	1987.64	4.80	311.45	64284
南通	3465.67	8.37	728.18	48083
扬州	2229.49	5.38	446.08	49786
泰州	2048.72	4.95	462.13	44118
徐州	2942.14	7.10	858.21	34084
连云港	1193.31	2.88	439.71	26987
淮安	1388.07	3.35	480.40	28861
盐城	2332.76	5.63	726.40	31640
宿迁	1064	2.57	472.28	22525

从 4-1 可以看出,2010 年江苏省 13 个城市人均 GDP 从高到低依次排列为苏州、无锡、常州、南京、镇江、扬州、南通、泰州、徐州、盐城、淮安、连云港、宿迁,苏州的人均 GDP 最高为 93043 元,宿迁最低为22525 元,苏州的人均 GDP 是宿迁的 4.13 倍。排名前五的苏州、无锡、常州、南京、镇江均位于苏南地区,紧随其后的扬州、南通、泰州位于苏中地区,排名靠后的徐州、盐城、淮安、连云港、宿迁位于苏北地区。2010 年苏南地区的 GDP 总量、人均 GDP 分别为 2515.39 亿元、79501元,苏中地区分别为 7743.88 亿元、47422 元,苏北地区分别为 8920.37亿元、29774 元,无论是 GDP 总量还是人均 GDP 苏南地区均高于苏中、苏北地区,苏中地区高于苏北地区,说明苏南的经济发展水平最高,苏中次之,苏北最差。

表4-2 2000—2010年江苏省各市人均GDP的变化情况 （单位：元）

人均GDP	2000	2001	2002	2003	2004	2005	2006	2007	2008	2009	2010
全省	11765	12879	14369	16743	20031	24616	28526	33837	40014	44253	52840
南京	18872	20954	22858	27307	33050	40887	39376	44972	50327	55290	65273
无锡	27653	31249	36151	43155	52825	62323	57719	65212	73053	81146	92167
常州	17635	19704	22215	26149	31665	37207	37435	43704	50283	56890	67327
苏州	26692	30384	35733	47693	57992	66766	61500	67387	74676	83696	93043
镇江	16967	18852	21018	23995	29235	32597	34293	40123	46473	54732	64284
南通	9378	10329	11356	12924	15806	19060	24133	29273	35040	40231	48083
扬州	10515	11205	12368	14290	17359	20251	24543	29419	35232	41406	49786
泰州	8082	8958	10021	11513	14014	16366	21509	26085	30256	35711	44118
徐州	7266	7960	8763	9992	12005	13160	16257	19221	23069	27514	34084
连云港	6443	6901	7582	7536	8891	9691	11656	13776	16808	21144	26987
淮安	5748	6422	7267	8108	9597	10683	13155	15646	18921	23277	28861
盐城	6904	7583	8464	9330	10928	12585	15177	17964	21233	25553	31640
宿迁	3993	4377	4826	5400	6462	7188	9232	11178	13709	17460	22525

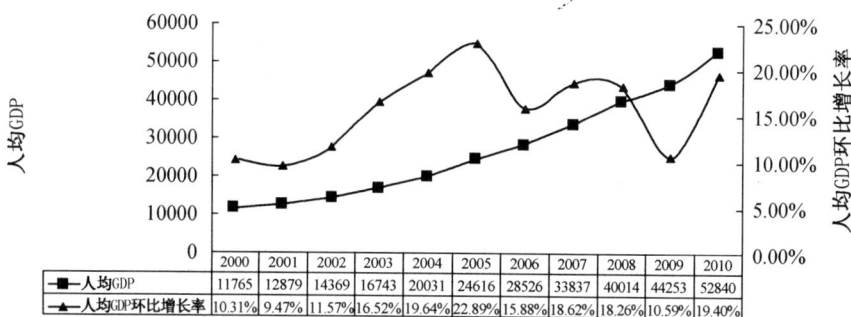

	2000	2001	2002	2003	2004	2005	2006	2007	2008	2009	2010
■人均GDP	11765	12879	14369	16743	20031	24616	28526	33837	40014	44253	52840
▲人均GDP环比增长率		10.31%	9.47%	11.57%	16.52%	19.64%	22.89%	15.88%	18.62%	18.26%	10.59%	19.40%

图4-1 2000—2010年江苏省人均GDP变化图

2000—2010年间，江苏省各市的人均GDP均呈上升趋势，全省的人均GDP从2000年的11765元增长为2010年的52840元，年均增长率16.21%。

为进一步反映地区发展的平衡性，用地区离差系数反映江苏省13市与全省平均水平的偏离程度，以此对江苏省区域间的差距做更为深

入的分析。计算公式为 $B = \sum |x - X| / (nX)$，式中 B 为离差系数，x 为各市人均 GDP，X 为全省人均 GDP，n 为地区数。

表 4-3　2000—2010 年江苏省人均 GDP 离差系数表

	2000	2001	2002	2003	2004	2005	2006	2007	2008	2009	2010
离差系数	0.55	0.57	0.59	0.64	0.65	0.64	0.49	0.46	0.42	0.40	0.37

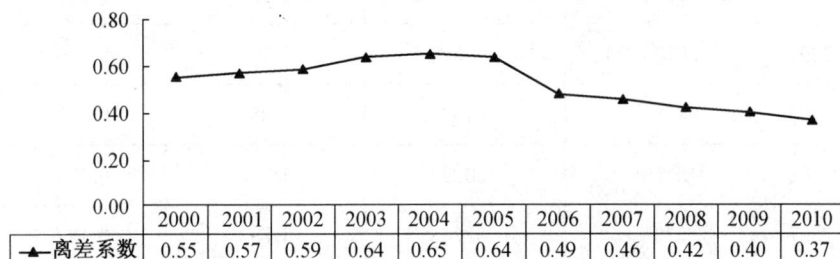

	2000	2001	2002	2003	2004	2005	2006	2007	2008	2009	2010
▲ 离差系数	0.55	0.57	0.59	0.64	0.65	0.64	0.49	0.46	0.42	0.40	0.37

图 4-2　2000—2010 年江苏省人均 GDP 离差系数图

从表 4-3 和图 4-2 可以看出，2000—2010 年间江苏省人均 GDP 呈先升后降的趋势，2005 年前人均 GDP 离差系数值呈上升趋势，从 2000 年的 0.55 上升为 2005 年的 0.64，说明江苏省地区的经济差异逐渐增大，2006 年后人均 GDP 离差系数呈下降趋势，2006 年值为 0.49，2010 年降低为 0.37，表明江苏省地区的经济差异逐渐缩小，江苏省在缩小地区经济差异、统筹城乡发展方面取得了较好的成绩。

二、江苏省城乡居民人均收入差异

随着科学技术的发展以及一系列有效经济政策的实施，江苏经济发展迅速，城乡居民的生活水平显著提升，城乡居民的收入逐步增加，但同时城乡居民收入差距却呈扩大趋势。

表 4-4　1990—2010 年江苏省城乡居民人均收入情况

年份	城镇居民人均可支配收入(元)	农村居民人均纯收入(元)	城乡居民人均收入比	城乡收入差异系数
1990	1464	884	1.656	0.398

年份	城镇居民人均可支配收入（元）	农村居民人均纯收入（元）	城乡居民人均收入比	城乡收入差异系数
1991	1623	921	1.762	0.432
1992	2138	1061	2.015	0.505
1993	2774	1267	2.189	0.543
1994	3779	1832	2.063	0.515
1995	4634	2457	1.886	0.471
1996	5186	3029	1.712	0.415
1997	5765	3270	1.763	0.432
1998	6018	3377	1.782	0.438
1999	6538	3495	1.871	0.465
2000	6800	3595	1.892	0.471
2001	7375	3785	1.948	0.513
2002	8178	3996	2.047	0.488
2003	9263	4239	2.185	0.541
2004	10482	4754	2.205	0.546
2005	12319	5276	、2.335	0.571
2006	14084	5813	2.423	0.587
2007	16378	6561	2.496	0.6
2008	18680	7357	2.539	0.606
2009	20552	8004	2.568	0.611
2010	22944	9118	2.516	0.603

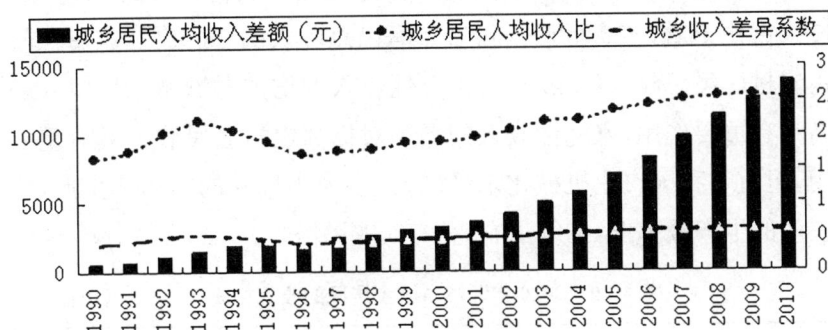

图 4 - 3　1990—2010 年江苏省城乡居民人均收入图

由表 4 - 4 总体上看,江苏省人均收入水平显著提升。1990 年农村居民人均纯收入为 884 元、2010 年增长为 9118 元、1990 年城镇居民人均可支配收入为 1464 元、2010 年增长为 22944 元。随着江苏省经济发展水平的提升,虽然城乡人均收入均有增长,但由于城镇居民的人均收入的年增长率高于农村居民,导致城乡居民间收入差距不但没有缩小,反而呈增大趋势。1990 年两者间的差距为 580 元,2010 年两者的差距增长为 13826 元,收入差距的年均增长率为 17.18%;1990 年城乡居民收入差距比为 1.656：1,2010 年城乡收入比增长为 2.516：1,扩大了 51.93%,且农民纯收入中的一部分用于农业的扩大再生产,一些农副产品如秸秆无法货币化,城镇居民没有生产性支出,而且还有多种福利补贴,因此城乡居民的实际收入差距要更大。

三、江苏省城乡居民收入构成差异

城乡居民的收入由工资性收入、家庭经营性收入、财产性收入和转移性收入四部分构成。由表 4 - 5 可知,工资性收入是城镇居民收入的主要来源,其次是转移性收入;而对于农村居民而言,家庭收入是其收入的主要来源,其次是工资性收入。从收入数额上看,城乡居民的家庭经营性收入、工资性收入、转移性收入有较大的差距,农村居民的家庭性收入是城镇居民的 2.01 倍;随着越来越多的剩余劳动力向城镇转移,农村居民的工资性收入逐步提高,但与城镇居民的工资性收入间仍然存在较大的差距,城镇居民的工资性收入是农村居民的 3.03 倍。从收入占比上看,工资性收入占城镇居民总收入的 58.99%,家庭性收入占农村居民总收入的 45.5%,工资性收入的增加对城镇居民收入的提高具有重要作用,家庭性收入的增加对提高农村居民收入具有重要作用,但由于我国农业机械化水平低,大多为小规模的粗放式生产,导致农业的生产效率低,抑制了农业增产、农民增收。

表 4-5   2010 年江苏省城乡居民的收入构成   （单位:元）

	工资性收入		家庭经营收入		财产性收入		转移性收入	
	数额	占比①	数额	占比	数额	占比	数额	占比
城镇居民	14816.9	58.99%	2519.06	10.03%	471.0	1.88%	7308.6	29.10%
农村居民	4896.4	43.96%	5068	45.50%	398.9	3.58%	775.2	6.96%

第三节   江苏省城乡社会发展现状分析

一、江苏省城乡居民消费支出差异

(一)江苏省城乡居民消费支出水平差异

居民的消费是以其收入为基础的,收入水平越高消费水平也就越高。随着生活水平的提高,城乡居民的消费水平呈增长趋势,由于城镇居民的收入明显高于农村居民,所以消费水平也高于农村居民(表 4-6 所示、图 4-4)。2001—2010 年间,城镇居民的人均生活消费支出绝对数额增长了 9034 元,年均增长率为 14.89%,农村居民的人均生活消费支出绝对数额增长了 4206 元,年均增长率为 12.9%;但不容忽视的是城乡消费支出依然存在较大差距,2001 年城乡居民消费支出绝对数额差为 2986 元,2010 年两者间的绝对数额差则扩大为 7814 元。

---

①   占比为各类型收入与总收入的比值。

表4-6　2001—2010年江苏省城乡居民人均消费支出情况

年份	城镇居民人均消费支出	农村居民人均消费支出	城乡居民人均消费支出比
2001	5323	2337	2.278
2002	6043	2625	2.302
2003	6709	2704	2.481
2004	7332	3035	2.416
2005	8622	3567	2.417
2006	9629	4135	2.329
2007	10715	4792	2.236
2008	11978	5328	2.248
2009	13153	5805	2.266
2010	14357	6543	2.19

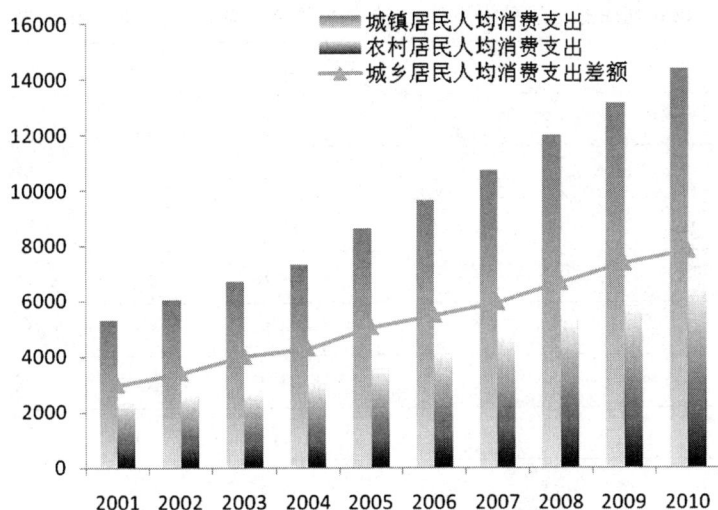

图4-4　2001—2010年江苏省城乡居民人均消费支出图

（二）江苏省城乡居民消费支出结构差异

恩格尔系数来源于恩格尔定律,恩格尔定律可以表述为在家庭消费支出中,食品消费占消费总额的比例越大,说明其生活质量越低;相反,若食品消费支出占消费总额的比例越小,说明其生活质量越高。恩格尔系数用于反映恩格尔定律,常用百分比表示。恩格尔系数的一般规律是随着家庭中收入的不断提高,食品支出所占的比重不断下降,表明恩格尔系数与居民的收入呈反比。由表4－7可以明显看出,1990—2010年间城乡居民的恩格尔系数在部分年份稍有波动,但总体上呈下降趋势,说明城乡居民的物质生活条件都在不断改善,有更多的收入用于衣着、文教娱乐、交通通讯等方面。1990年城镇居民的恩格尔系数为55.5%,农村居民的恩格尔系数为52.3%,城乡恩格尔系数比为1.061,表明消费支出中用于食品支出的比重城镇居民稍高于农村居民。2010年城镇居民的恩格尔系数降低为36.5%,农村居民的恩格尔系数降低为38.1%,城乡恩格尔系数比为0.958,表明消费支出中用于食品指出的比重农村居民高于城镇居民。

表4－7　1990—2010年江苏省城乡居民恩格尔系数

年份	城镇居民恩格尔系数(%)	农村居民恩格尔系数(%)	城乡恩格尔系数比
1990	55.5	52.3	1.061
1991	55.7	56.1	0.993
1992	53.9	54.7	0.985
1993	49.4	50.2	0.984
1994	50.1	54.8	0.914
1995	51.9	54.8	0.947
1996	51	51.2	0.996
1997	47.7	48.9	0.975
1998	45.1	47.8	0.944
1999	44.1	44.7	0.987
2000	41.1	43.5	0.945
2001	39.7	42.6	0.932
2002	40.4	40	1.01
2003	38.3	41.4	0.925

年份	城镇居民恩格尔系数(%)	农村居民恩格尔系数(%)	城乡恩格尔系数比
2004	40	44.2	0.901
2005	37.2	44	0.845
2006	36	41.8	0.861
2007	36.7	41.6	0.882
2008	37.9	41.3	0.918
2009	36.3	39.2	0.918
2010	36.5	38.1	0.958

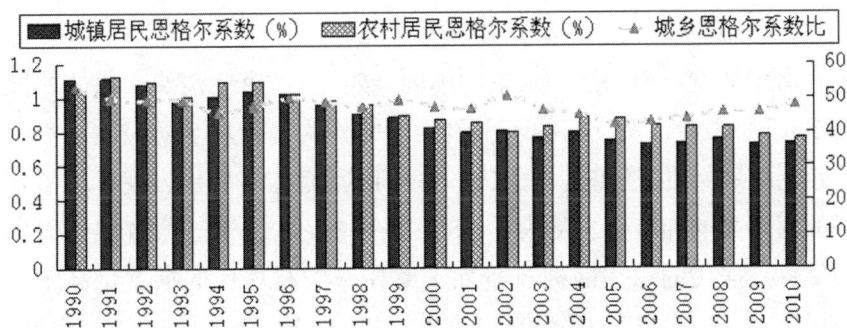

图 4-5　1990—2010 年江苏省城乡居民恩格尔系数图

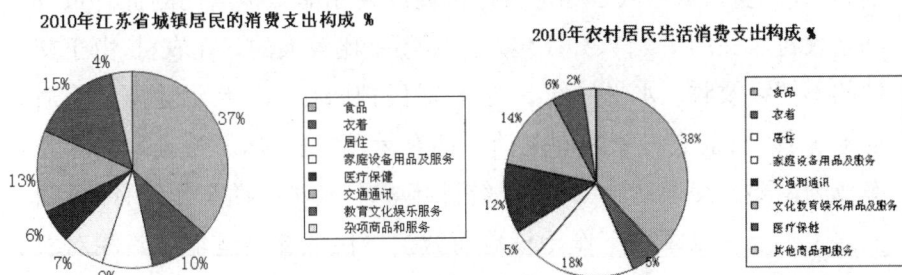

图 4-6　2010 年江苏省城乡居民的消费支出构成情况

由图 4-6 可以看出,2010 年江苏省城镇居民的消费支出中食品支出所占比重为 37％,教育文化娱乐服务为 15％,交通通讯为 13％,

衣着支出为 10％,居住支出为 9％,家庭设备用品及服务为 7％,医疗保健为 6％,杂项商品和服务为 4％,可以看出食品支出所占比重最高。

2010 年江苏省农村居民的消费支出中食品支出所占比重为 38％,居住支出为 18％,文化教育娱乐用品及服务为 14％,交通通讯为 12％,医疗保健为 6％,衣着支出为 5％,家庭设备用品及服务为 5％,其他商品和服务为 2％,可以看出食品支出所占比重最高。城乡居民消费支出在居住、衣着支出方面存在差异,农村居民居住支出的比重显著高于城镇居民,农村居民的居住支出占消费支出的比重为 18％,远高于城镇居民的 9％;农村居民衣着支出占消费支出的比重低于城镇居民,农村居民的衣着支出占消费支出的比重为 5％,远低于城镇居民的 10％。

（三）城乡居民家庭耐用品拥有量差异

由于消费习惯和消费水平的不同,城乡居民家庭消费支出的状况也不相同,因此消费支出的水平差距不能作为衡量城乡居民生活水平差距的唯一标准,还需具体分析城乡居民家庭拥有的代表现代生活水平的耐用品的拥有量。从表 4-8 可以看出,2010 年江苏省城乡居民的每百户居民的耐用品拥有量除了摩托车农村居民的拥有量高于城镇居民,对于洗衣机、电冰箱、彩色电视机、空调、家用电脑、固定电话、移动电话、家用汽车等耐用品城镇居民的拥有量均高于农村居民,特别是家用电脑、家用汽车等价格标价高的耐用品城镇居民的拥有量分别是农村居民的 7.4 倍、4.61 倍。差距还是比较大的。在农村,由于交通的不便以及收入水平的低下,农村居民把摩托车当作最主要的交通运输工具(目前农村家庭的电动车拥有量逐年提高,并逐渐取代摩托车成为主要的交通运输工具,因统计年鉴上未对电动车作统计,所以交通工具上仍以摩托车作比较),而城镇居民的交通运输工具相对农村而言主要是家用汽车。城镇居民每百户拥有电脑 81.36 台,而农村居民每百户的电脑拥有量为 11 台,绝对数量差距较大,城镇居民拥有电脑可以方便快捷的查询各类信息,而农村居民却无法享有这种快速获取信息的渠道,信息获取渠道不畅通,导致农村居民信息滞后,不能根据市场需求变化及时的调整农业种植,使得农产品供给供求不协调,供给大于需求时农民收入低,供给小于需求时,物以稀为贵,农民的收入高。城乡居民家庭电脑拥有量的差距是导致城乡间信息差距的重要因素之一,在一定程度上也是导致城乡居民收入差距的影响因素。从城乡居民拥有的耐用品中可以看出,城镇居民对现代生活用品的拥有量多于农村居民的拥有量,说明城镇居民的生活水平高于农村居民。

表 4－8　2010 年江苏省城乡居民每百户耐用消费品拥有量

项　目	单　位	拥有量		城乡差距 (倍)
		城镇	农村	
洗衣机	台	102.08	91.5	1.12
电冰箱柜	台	99.36	59.3	1.68
摩托车	辆	21.59	159.9	0.14
彩色电视机	台	170.66	142.1	1.20
空调器	台	170.61	47.4	3.60
家用电脑	台	81.36	11	7.40
固定电话	部	109.29	90.9	1.20
移动电话	部	183.26	171	1.07
家用汽车	辆	13.83	3	4.61

二、江苏省城乡居民社会保障差异

1. 社会保障体系进一步完善

城镇基本养老、医疗、失业保险覆盖面均达 90％以上。社会保险主要险种向非公有经济组织、进城务工农民和乡镇企业延伸,被征地农民基本生活保障制度全面建立。江苏省城乡实现"低保"的全覆盖,符合低保条件的 40.1 万城镇困难群众和 85.5 万农民实现了应保尽保。2010 年年末全省各类福利院拥有床位 9.43 万张,建立城镇各种社区服务设施 24550 个,其中社区服务中心 463 个;城乡居民最低生活保障对象 128.6 万人,筹集福利资金 4.05 亿元,接受社会捐赠 2.4 亿元(不包括慈善机构)。

2. 基础设施投资偏向城市

在基础设施投资上,政府投资偏向于城市,使得城市迅速发展,不少城市甚至还出现公共产品供给过度现象。而农村地区却由于投资不足,农村公路、电网、水利灌溉设施等供给短缺,造成了农民行路难、用电难、用水难。由于城镇的集聚效应,城镇拥有便捷的交通网络,长期以来,城乡在基础设施投入方面存在着巨大差距,导致了城乡发展的不平衡。

3. 城乡教育资源分配不均衡

教育对一个国家的持续发展具有重要作用。近年来,江苏省通过实施农村中小学危房改造、调整中小学布局、"三新一亮"(新课桌、新椅子、新讲台、电灯亮)、"四配套"(农村中小学图书资料、仪器设备、体育器材、艺术教育设施)建设、"六有"(有整洁的校园、有冷热饮用水、有水冲式厕所、有满足师生需求的餐厅、有安全的宿舍、寄宿学生每人一张床)、"送优质教学资源下乡"、"万名大学毕业生支援农村教育工程"[1],提升了部分地区农村教育的软环境和硬环境。农村教育资源所占比重远远低于城市,城市学校的图书馆、阅览室、电脑室、实验室等一应俱全,因此城市教育具有高效率;但农村学校却由于资金不足等问题,教学设备不全,导致教学效率低。此外,由于专项资金缺乏,农村教师再教育培训机会较少,导致教师教学观念落后,教师结构不合理。调查显示,相同层次师范院校毕业生在县城重点学校任教和在农村学校任教,实际收入相差近一倍,职称晋升要差 3—5 年,医疗保险、住房公积金、福利、子女上学等方面也存在较大差距。[2] 此外,随着产业结构调整和城市化进程的加快,越来越多的农村富余劳动力外出务工,留守孩子的教育问题异常突出。城乡教育资源不足严重抑制了农村教育

---

① 转引自胡洁《江苏 30 年城乡经济发展协调性的实证分析》,扬州大学,2011 年,第 17 页。
② 转引自陈金干《对农村义务教育改革和发展的期待》,《教育发展研究》2009 年第 9 期。

的发展,教育的落后抑制了农村地区的经济发展水平。此外,大多数农村富余劳动力缺乏就业必需的技能、技术,因此剩余劳动力的转移领域得到限制,只能在低技术要求、高强度的领域工作,增加了农村劳动力的就业难度,城乡人口文化素质的差距,进一步影响城乡协调发展的水平和速度。

4.城乡医疗卫生保障供给不均衡

江苏省加大公共卫生事业建设力度,全面建成疾病预防控制体系,基本建成突发公共卫生事件医疗救治体系。2010年末共有各类卫生机构15007个,其中医院、卫生院2510个,卫生防疫和防治机构190个,妇幼卫生保健机构104个。各类卫生机构拥有病床19.39万张,其中医院、卫生院病床18.13万张。共有卫生技术人员25.75万人,其中执业医师、执业助理医师11.02万人,注册护师8.12万人,卫生防疫和防治机构卫生技术人员0.75万人,妇幼卫生机构卫生技术人员0.32万人。乡镇卫生院0.16万个,床位5.21万张,卫生技术人员6.79万人,乡村医生和卫生员6.09万人。省财政拨专款加强农村卫生院建设,苏北地区第一批重点支持的300个乡镇卫生院医疗条件明显改善。农村的医疗卫生条件虽得到改善,新型农村合作医疗制度正在建立,但农村医疗卫生发展仍然滞后,农村医疗卫生投资比重不高,城乡医疗资源配置不合理,卫生保障体系不健全,在城市里,医疗卫生机构全面、种类多,有综合性医院、社区卫生服务站、妇幼保健院、专科疾病防治院等多种形式机构。在农村,病人只能去条件、设备远不如城市的乡镇卫生院。城市与农村在卫生技术人员上存在着不平衡,从图4-7可以看

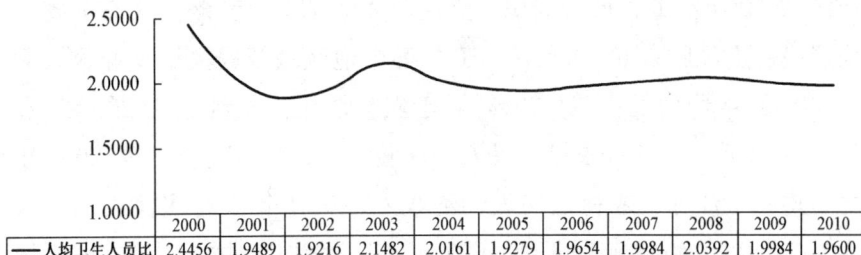

	2000	2001	2002	2003	2004	2005	2006	2007	2008	2009	2010
人均卫生人员比	2.4456	1.9489	1.9216	2.1482	2.0161	1.9279	1.9654	1.9984	2.0392	1.9984	1.9600

图4-7　2010—2010年江苏省城乡人均收入比

出,城乡居民的人均卫生人员比在 2 左右,2000 年城乡人均卫生人员比为 2.4456：1,2010 年比值虽然降为 1.96：1,但城乡间的差距仍然很明显。农村卫生保障体系不健全,农民看病难、看病贵、因病致贫、成本高等一系列的问题依然存在。

第四节　江苏省三大区域现状分析

一、江苏省三大区域间现状分析

1. 江苏省三大区域间居民收入分析

江苏省三大区域间城乡居民人均可支配收入具有较大差异,从图 4 - 9 可以看出,无论是城镇居民人均可支配收入还是农村居民人均纯收入苏南地区都遥遥领先,其次是苏中地区,苏北地区的收入水平最低。

苏南地区城镇居民可支配收入和农村居民人均纯收入均高于苏中、苏北地区,而且高于江苏省城镇居民可支配收入。苏南地区城镇居民人均可支配收入 2000 年为 8406 元,高于江苏省人均可支配收入平均值 23.62％,2010 年城镇居民人均可支配收入增加为 27780 元,增长了 230.48％,年平均增长率为11.48％;农村居民的人均纯收入 2000 为 4693 元,2010 年农村居民人均纯收入增加为 12978 元,增长了 176.54％,年均增长率为 9.69％。

苏中地区城镇居民可支配收入和农村居民人均纯收入高于苏北地区,2000 年江苏省城镇居民可支配收入为 7278 元,略高于江苏省人均居民可支配收入 6800 元。2010 年苏中地区城镇居民可支配收入为 20748 元,年均增长率为9.99％;对于农村居民人均纯收入 2000 年和 2002 年略低于江苏省农村居民人均纯收入,2003 年数值相等,2004 年之后均高于江苏省农村居民人均纯收入。2001 年农村居民人均纯收入为 3577 元,2010 年增长为 9626 元,年均增长率为 9.42％。城乡居民人均收入年均增长率低于苏南地区。

苏北地区为江苏的最不发达地区,无论是城镇居民可支配收入和农村居民的人均纯收入均低于江苏省城乡居民可支配收入。苏北地区城镇居民人均可支配收入从 2000 年的 6611 元增长为 2010 年的 16020 元,年均增长率为 8.38%;农村居民的人均纯收入从 2000 年的 3132 元增长到 2010 年的 7724 元,年平均增长 8.55%。城乡居民人均收入年均增长率低于苏南和苏中地区。

表 4‐9　2000—2010 年江苏省三大区域间城乡居民收入表　（单位:元）

区域	苏南		苏中		苏北	
年份	城镇居民可支配收入	农村居民纯收入	城镇居民可支配收入	农村居民纯收入	城镇居民可支配收入	农村居民纯收入
2000	8406	4693	7278	3577	6611	3132
2001	9196	4990	7783	3781	6988	3295
2002	9555	5301	8112	3996	7388	3476
2003	10889	5825	8966	4249	8152	3527
2004	12514	6544	10195	4765	9116	3906
2005	15083	7336	11659	5315	10303	4297
2006	17391	8221	13263	5915	11799	4733
2007	20077	9293	15526	6698	13655	5352
2008	22756	10458	16574	7582	12536	6038
2009	24995	11517	18480	8444	14101	6738
2010	27780	12978	20748	9626	16020	7724

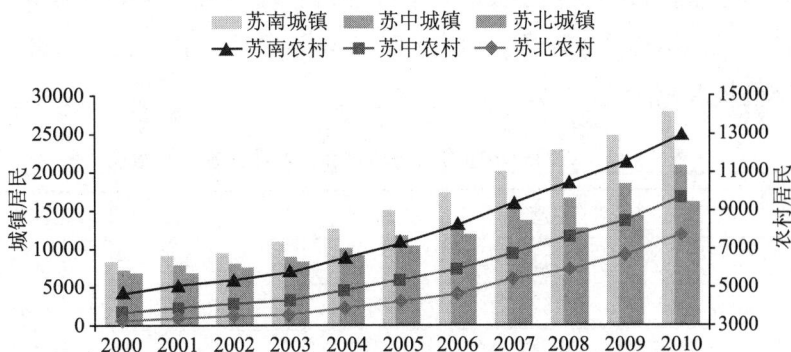

图 4‐8　2000—2010 年江苏省三大区域间城乡居民人均收入状况

2. 江苏省三大区域间发展结构差异

叶裕民(2006)提出用于衡量城乡收入分配差距的城乡差异系数,之后用于测量经济二元特性。城乡居民收入差异系数＝1－农村居民人均纯收入/城镇居民人均可支配收入。

表 4-10   城乡发展结构标准

城乡居民收入差异系数值	小于 0.2	0.2—0.5	0.5—0.6	0.6—0.7	0.7 以上
所处阶段	基本完成城乡一体化过程	城乡二元结构向一体化过渡阶段	城乡二元结构较严重阶段	城乡二元结构严重阶段	城乡统筹程度很差的阶

从图 4-9 可以看出,苏南地区的收入差异系数远低于江苏省收入差异系数,2008 年是个分界点,2008 年之前收入差异系数呈增大趋势,说明城乡间的二元结构逐渐恶化,2009、2010 年收入差异系数略有缩小但波动幅度不大。根据表 4-10 可以发现苏南地区 2004 年之前处于二元结构向城乡一体化过渡的阶段,之后为城乡二元结构较严重阶段;苏中地区的收入差异系数略有波动,但波动的幅度不是太明显,2000、2001 年收入差异系数呈增大趋势且高于江苏省收入差异系数,2002 年有所减少,2003 年至 2007 年间收入差异系数值又呈增大趋势但低于江苏省收入差异系数,2008 年之后差异系数递减,说明城乡间的二元结构稍有改善,但仍处于城乡二元结构较严重阶段;苏北地区的收入差异系数从 2000 年至 2007 年一直呈增大趋势并远高于江苏省收入差异系数,2008 年之后略有下降并低于江苏省收入差异系数,但仍处于二元结构严重阶段,特别是 2007 年差异系数值为 0.608,属于二元结构较严重阶段。

表 4-11   2000—2010 年江苏省城乡居民收入差异系数表

	苏南	苏中	苏北	江苏省
2000	0.4417	0.5085	0.5262	0.4713
2001	0.4574	0.5142	0.5285	0.4868
2002	0.4452	0.5074	0.5295	0.5114

	苏南	苏中	苏北	江苏省
2003	0.4651	0.5261	0.5673	0.5424
2004	0.4771	0.5326	0.5715	0.5465
2005	0.5136	0.5441	0.5829	0.5717
2006	0.5273	0.5540	0.5989	0.5873
2007	0.5371	0.5686	0.6081	0.5994
2008	0.5404	0.5425	0.5183	0.6062
2009	0.5392	0.5431	0.5222	0.6105
2010	0.5328	0.5361	0.5179	0.6026

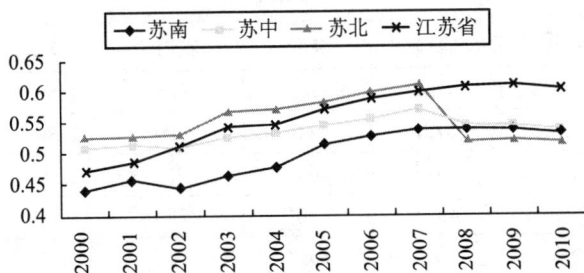

图 4-9　2000—2010 年江苏省三大区域间城乡居民
收入差异系数状况

3. 江苏省三大区域间居民消费支出分析

从图 4-10 可以看出,2000 年至 2010 年江苏省三大区域城乡居民
人均消费支出均呈递增趋势,苏南地区的城乡居民的人均消费支出最
高,苏中次之,苏北地区的人均消费支出最低。

苏南地区经济发达,相应的城乡居民的消费支出也高,城镇居民
的人均消费支出 2000 年为 6722.2 元,是苏中的 1.22 倍,苏北的 1.74
倍,2010 年人均消费支出增长为 17378 元,增长了 158.52%,年均增长
率为 9.02%;农村居民的人均消费支出 2000 年为 3361 元,高于苏中
27.55%,高于苏北 84.63%,2010 年增长为 9499 元,增长了 182.62%,
年均增长率为 9.91%。苏中地区城镇居民的人均消费支出从 2000 年
的 5508.33 元增长到 2010 年的 12988 元,增长了 135.79%,年均增长

率为 8.11％；农村居民的人均消费支出 2000 年为 2635 元,2010 年增长为 9499 元,年均增长率为 12.36％。苏北地区城镇居民的人均消费支出从 2000 年的 4563.2 元增长为 2010 年 10661 元,增长率为 133.63％,年均增长率为 8.02％。农村居民的人均消费支出 2000 年为 1820.4 元,2010 年增长为 5023 元,增长了 2.76 倍,年均增长率为 9.67％。三大区域间农村居民的消费支出年均增长率均高于城镇居民,而且苏南地区的农村居民消费支出年均增长率最高。

表 4-12 2000—2010 年江苏省三大区域间城乡居民人均消费支出表

（单位:元）

年份	苏南		苏中		苏北	
	城镇	农村	城镇	农村	城镇	农村
2000	6722.2	3361	5508.33	2635	4563.2	1820.4
2001	7152.4	3372.6	5440	2490	4780.6	1892.4
2002	7370	3525	5659	2623.3	4961	1946.8
2003	8181	4043	6181	2790	5844	2064
2004	8899	4700	6904	3147	6278	2262
2005	10570	5447	7877	3687	7154	2770
2006	11876	6233	8629	4235	7881	3046
2007	13166	6989	9649	4784	8820	3534
2008	14609	7779	10488	5444	8253	4010
2009	15839	8528	11850	6085	9355	4474
2010	17378	9499	12988	6898	10661	5023

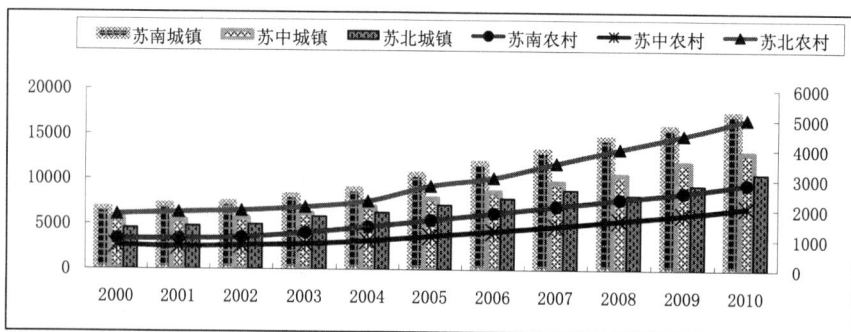

图 4-10 2000—2010 年江苏省三大区域间居民人均消费支出状况

4. 江苏省三大区域间居民消费结构分析

从表 4－13 可以看出,苏南地区城镇居民的恩格尔系数只有在
2000 年略高于苏中、苏北以及江苏省城镇居民的恩格尔系数,2001 年
之后系数基本呈递减趋势,在 2002 年、2004 年、2007 年略有波动。
2000 年城镇居民的恩格尔系数为 41.42%,2010 年该比重下降为
35.5%;农村居民恩格尔系数在 2000 年至 2002 年间高于苏中及江苏
省农村居民恩格尔系数,但低于苏北地区,2003 年之后系数值呈递减
趋势(2004 年略有波动),说明农村居民的消费结构有所改善。苏中地
区城镇居民的恩格尔系数高于苏北地区(2008 年略低于苏北地区)并
且高于江苏省城镇居民的恩格尔系数(2010 年低于江苏省平均值),但
该系数整体呈下降趋势,从 2000 年的 40.73% 降为 2010 年的 36.3%,
说明苏中地区城镇居民的消费结构有所改善,用于食品支出的比重缩
小了;农村居民恩格尔系数整体呈下降趋势并且低于苏北及江苏省农
村居民恩格尔系数(2002 年略高于江苏省平均值),系数值从 2000 年
的 38.76% 下降为 2010 年的 36.1%。苏北地区的恩格尔系数值呈减小
趋势,但却是三大区域中最高的。2000 年恩格尔系数值为 39.65%,
2010 年降为 36.1%。2000 年至 2006 年苏北地区居民的恩格尔系数低
于江苏省城乡居民恩格尔系数值,2007 年至 2009 年则高于江苏省城
乡居民恩格尔系数值。

表 4－13　2000—2010 年江苏省三大区域间城乡居民恩格尔系数

年份	苏南		苏中		苏北		江苏省	
	城镇	农村	城镇	农村	城镇	农村	城镇	农村
2000	41.42	42.33	40.73	38.76	39.65	46.68	41.1	43.5
2001	39.98	43.49	42.17	40.9	38.64	46.32	39.7	42.6
2002	40.6	41.8	41.04	40.46	39.2	44.35	40.4	40
2003	39.02	39.38	40.96	41.08	36.41	44.77	38.3	41.4
2004	40.4	40.2	41.5	43.1	39	47.4	40	44.2
2005	37	39.2	40.4	41.9	37.1	44.8	37.2	44

年份	苏南		苏中		苏北		江苏省	
	城镇	农村	城镇	农村	城镇	农村	城镇	农村
2006	35.7	37.1	39.5	38.7	35.9	43.8	36	41.8
2007	36.8	37.3	39.9	38.2	37.3	42.1	36.7	41.6
2008	36.5	36.8	39.1	38.6	39.4	41.7	37.9	41.3
2009	35.6	35.5	36.9	37.4	36.6	40	36.3	39.2
2010	35.5	35.4	36.3	36.1	36.1	39	36.5	38.1

二、江苏省三大区域内现状分析

1. 江苏省三大区域内城乡居民收入分析

从表4-14可以看出,三大区域城乡居民收入差距中,苏南地区的收入差距最大,苏北地区城乡居民收入差距最小。苏南地区城乡居民收入差距较大,且呈扩大趋势,2000年苏南地区的城乡收入差额为3713元,高于苏中、苏北地区,2010年差距扩大为14802元,年均增长率为13.4%。苏中地区城乡收入差距处在苏南和苏北之间,城乡居民之间的收入差距也呈现扩大的趋势。2000差额为3701元,2010年增长为11122元,年均增长率为10.52%。苏北地区的城乡收入差距较小且呈扩大趋势,2010年城乡收入差额为3479元,2010年增长为8296元,年均增长率为8.22%。

表4-14　2001—2010年江苏省三大区域内城乡居民收入差额状况

年份	苏南		苏中		苏北	
	收入差额	增长率(%)	收入差额	增长率(%)	收入差额	增长率(%)
2001	4206	13.27767	4002	8.132937	3693	6.151193
2002	4254	1.141227	4116	2.848576	3912	5.930138
2003	5064	19.0409	4717	14.60155	4625	18.22597
2004	5970	17.891	5430	15.11554	5210	12.64865
2005	7747	29.76549	6344	16.83241	6006	15.27831

年份	苏南		苏中		苏北	
	收入差额	增长率(%)	收入差额	增长率(%)	收入差额	增长率(%)
2006	9170	18.3684	7348	15.82598	7066	17.64902
2007	10784	17.60087	8828	20.14154	8303	17.50637
2008	12298	14.03932	8992	1.857725	6498	−21.7391
2009	13478	9.595056	10036	11.61032	7363	13.31179
2010	14802	9.823416	11122	10.82104	8296	12.67147

2. 江苏省三大区域内城乡居民消费支出分析

江苏省三大区域中苏南地区的城乡居民人均消费支出最高,城乡消费比小且呈下降趋势,说明城镇居民消费支出增长幅度小于农村居民的消费支出增长幅度,但由于消费支出的基数比较大,所以城乡居民间的消费差额也是最大的,从2000年的3361.2元增长为2010年的7879元,增长了134.41%,年均增长率为8.05%,所以在发展过程中苏南地区应注重缩小城乡居民消费支出差距,扩大农村居民的消费需求。苏中地区城乡居民的消费支出比呈下降趋势,说明城镇居民消费支出增长幅度小于农村居民的消费支出增长幅度,同苏南地区一样由于消费支出差额基数比较大,所以消费支出差额呈递增趋势,从2000年的2873.33元增长为2010年的6090元,年均增长率为7.07%。苏北地区城乡居民的消费支出少,消费支出比呈下降趋势,消费支出差额整体呈上升趋势,消费支出差额从2000年的2742.8元增长为2010年的5638元,年均增长率为6.77%。整体看,江苏省三大区域城乡消费支出比与城乡消费差额呈反方向变动趋势。

表4-15　2000—2010年江苏省三大区域内城乡居民消费表

年份	苏南		苏中		苏北	
	消费差额(元)	消费比	消费差额(元)	消费比	消费差额(元)	消费比
2000	3361.2	2.0001	2873.33	2.0904	2742.8	2.5067
2001	3779.8	2.1207	2950	2.1847	2888.2	2.5262

年份	苏南		苏中		苏北	
	消费差额(元)	消费比	消费差额(元)	消费比	消费差额(元)	消费比
2002	3845	2.0908	3035.7	2.1572	3014.2	2.5483
2003	4138	2.0235	3391	2.2154	3780	2.8314
2004	4199	1.8934	3757	2.1938	4016	2.7754
2005	5123	1.9405	4190	2.1364	4384	2.5827
2006	5643	1.9053	4394	2.0375	4835	2.5873
2007	6177	1.8838	4865	2.0169	5286	2.4958
2008	6830	1.8780	5044	1.9265	4243	2.0581
2009	7311	1.8573	5765	1.9474	4881	2.0910
2010	7879	1.8295	6090	1.8829	5638	2.1224

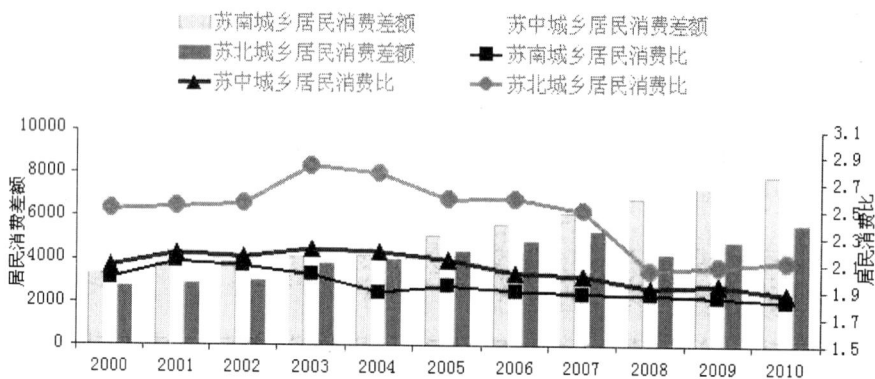

图 4-11　2000—2010 年江苏省三大区域内城乡居民消费状况

3. 江苏三大区域内城乡居民消费结构分析

从表 4-16 可以看出,江苏省三大区域内城乡恩格尔系数比整体呈上升趋势,只有苏中地区稍有下降。苏南地区城乡恩格尔系数比 2008 年以前都小于 1,2009 年和 2010 年比值大于 1,在 2001 年时最小为 0.919,2004 年达到峰值为 1.005,2005 年稍有下降后又呈递增趋势,但总的趋势是上升的,说明苏南地区农村居民在食品上的消费支出比重开始逐渐少于城镇居民,农村居民投入在教育、医疗、娱乐上的支出开始增加。苏南地区恩格尔系数比 2003 年之后一直高于江苏省城乡居民恩格尔系数比,这也说明了苏南地区城乡居民的消费结构有待改善。苏中地区城乡恩格尔系数比和苏南一样呈现先下降再上升然后下降随后又上升的趋势,2000 年的值最高为 1.051,和苏南不同的是 2004 年苏中地区城乡居民恩格尔系数比值为最低值,苏中地区的恩格尔系数比除部分年份小于 1,大部分年份的比值都是大于 1,说明城镇居民食品支出比重高于农村居民。苏北地区城乡居民恩格尔系数比小于 1,说明城镇居民消费支出结构优于农村居民。

表 4-16 2000—2010 年江苏三大区域内城乡居民恩格尔系数比

	苏南	苏中	苏北	江苏省
2000	0.9785	1.0508	0.8494	0.9448
2001	0.9193	1.0311	0.8342	0.9319
2002	0.9713	1.0143	0.8839	1.01
2003	0.9909	0.9971	0.8133	0.9251
2004	1.005	0.9629	0.8228	0.905
2005	0.9439	0.9642	0.8281	0.8455
2006	0.9623	1.0207	0.8196	0.8612
2007	0.9866	1.0445	0.886	0.8822
2008	0.9918	1.013	0.9448	0.9177
2009	1.0028	0.9866	0.915	0.926
2010	1.0028	1.0055	0.9256	0.958

三、江苏省三大区域人均 GDP 差异分析

从图 4-12 可以看出江苏省三大区域人均 GDP 均呈上升趋势(除苏南地区 2010 年略有下降),说明江苏省三大区域间的差异不断扩大,但各区域间差异的增长率从 2003 年逐渐下降表明差异的扩大速度逐渐降低。究其原因可能是苏锡常地区地理位置、资源禀赋、政策导向及市场环境等较优越,发展较为迅速,成为江苏区域的增长

极,协同南京、镇江等周边区域发展起来,经济实力显著增强,和苏中、苏北区域间的差异变大。苏南地区通过极化效应带动苏中、苏北地区不断发展,使得江苏整体经济实力增强,并不断缩小区域间的差异。

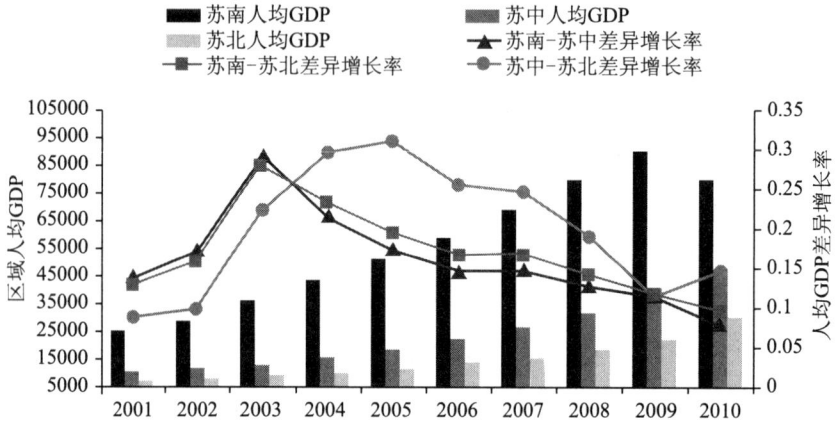

图 4‑12　2001—2010 年江苏省三大区域人均 GDP 及差异增长率状况

(一)江苏省三大区域绝对差异分析

用标准差表示江苏省经济差异的绝对差异,其公式表示为:

$$s=\sqrt{\frac{\sum_{i=1}^{n}(Y_i-\overline{Y})}{N}},\overline{Y}=\frac{\sum_{i=1}^{n}Y_i}{N}$$

s 为标准值,Y_i 为 i 区域的人均 GDP,$i=1,2,\cdots,13$;$\overline{Y}$ 为各区域的人均 GDP 均值;N 为区域个数。

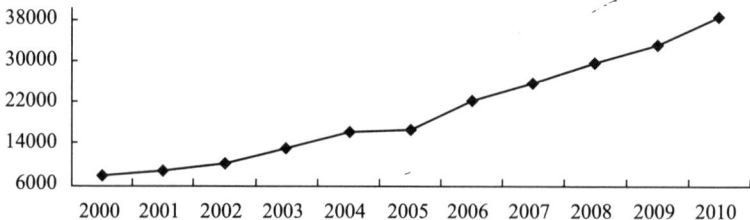

图 4‑13　2000—2010 年江苏省三大区域人均 GDP 相对差异

2000 年至 2010 年间江苏省三大区域的绝对差异逐年增加,2000
年差异值为 7663.54 元,2010 年增长为 38517.09 元,表明三大区域经
济差异随着时间的推移呈增大趋势。

(二)江苏省三大区域相对差异分析

用差异系数表示江苏省经济差异的相对差异,其公式表示为:

$$V_i = \frac{S_i}{\overline{Y}}$$

S_i 表示第 i 年江苏省人均 GDP 的绝对差异。

2000 年至 2010 年江苏省三大区域人均 GDP 的差异系数呈波动
式上升趋势,从 2000 年的 0.5996 增长为 2010 年的 0.6484,上升幅度
为 0.048,表明江苏省三大区域人均 GDP 差异呈上升趋势,即区域间的
差异在增大(见表 4-17)。

表 4-17　2000—2010 年江苏省三大区域人均 GDP 绝对差异

年份	2000	2001	2002	2003	2004	2005	2006	2007	2008	2009	2010
相对差异	0.5996	0.6150	0.6369	0.6954	0.7024	0.6584	0.7091	0.7020	0.6890	0.6671	0.6484

四、江苏省三大区域空间发展分析

从图 4-14 可以看出,江苏省三大区域在空间发展方面也存在一
定的差异,城镇的区位、发展实力、社会保障等决定了城镇的集聚力,集
聚力越强对人才、资金、技术等要素的吸引力越大。2010 年江苏省苏
南、苏中、苏北三大区域的人口密度呈递减趋势,苏南地区在经济实力、
社会保障水平等方面明显好于苏中和苏北地区,国有企业、私营企业、
三资企业发展迅猛,广阔的就业机会和发展机遇吸引越来越多的人才
集聚,2010 年苏南地区的人口密度为 1166 人/平方公里,高于江苏省
的 767;苏南地区占据区位优势,地处长三角中心地段,交通四通八达,
航空、高速公路发展迅猛,2010 年公路里程 45957 公里,公路网密度
1.65 公里/平方公里,远高于江苏省的 1.46 公里/平方公里。2010 年

苏中地区的人口密度为803人/平方公里,稍高于江苏省,公路网密度1.79公里/平方公里,高于江苏省以及苏南地区,说明苏中地区的交通设施建设较好。

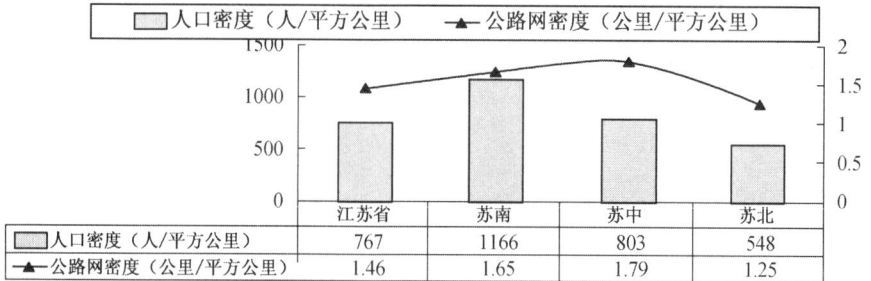

	江苏省	苏南	苏中	苏北
人口密度（人/平方公里）	767	1166	803	548
公路网密度（公里/平方公里）	1.46	1.65	1.79	1.25

图 4 - 14 2010 年江苏省人口密度和公路密度图

相对苏南地区,苏北地区经济发展水平低,社会生活质量不高,基础设施建设明显落后。苏北整体集聚资本、人才、技术等要素的能力偏弱,人才大量外流,2010 年苏北地区的人口密度为 548 人/平方公里,不足苏南地区的一半。除徐州外,苏北地区大城市少,中心城市人口规模小,相互作用弱,区域辐射带动效用低。苏北地区的城镇密度小,且分布不均衡,对劳动力的吸纳集聚力低。仅徐州一个特大区域性中心城市,且地处江苏边陲,其他城市处于独立空间膨胀或定向蔓生过渡阶段,城市间微弱相互作用对空间发展起决定性作用。①

---

① 孙志军、洪银兴:《苏北全面建设小康社会的发展战略》,南京大学出版社 2008 年版,第104—105 页。

第五章　城乡统筹发展评价体系的构建

第一节　城乡统筹发展评价概述

对城乡统筹发展的研究可以概括为体现在城乡统筹发展的内涵及理论、城乡统筹发展的实现路径两大方面。对城乡统筹发展的内涵方面的研究属于理论问题,城乡统筹实现路径的研究属于实际问题,这两方面是紧密联系在一起的,其联系的纽带就是城乡统筹发展的评价。城乡统筹发展的评价是城乡统筹发展从理论进入实践的关键环节,如果没有科学合理的评价指标体系,城乡统筹发展的研究只能停留在理论层面,无法与实践相结合。

城乡统筹发展是不断变化的动态的过程,要想科学的分析城乡发展的状况、把握其动态发展规律、确立适宜的发展战略、制定合理的政策措施,需要一套科学合理的评价指标体系对城乡统筹情况进行测度,进而分析比较城乡统筹情况,找寻差距并分析原因,以利于制定措施,缩小城乡差距,促进城乡统筹协调发展。

为了使城乡统筹发展的理论与实际有效的结合,需要根据城乡发展的特点,对城乡统筹发展进行评价,具体的流程如图 5-1 所示。

第二节　城乡统筹发展的评价内容和目的

评价是指评价者根据自身的价值观和一定的标准对事物的属性

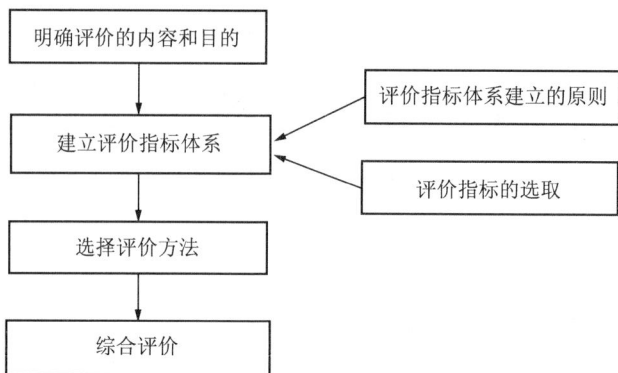

图 5-1　城乡统筹发展评价流程图

及发展状态进行判断。① 评价可分为对事物某一方面的单项评价和对事物的整体综合评价。

城乡统筹协调发展评价是以城乡统筹价值观为基础,根据城乡统筹发展的要求,对城乡的经济、社会、空间的发展水平、发展能力等进行分析,探求影响城乡协调发展的制约因素及其存在的问题,为城乡经济、社会、空间系统的调整结构、增强发展的能力、提高发展的水平、建立城乡统筹发展的决策机制奠定基础。

城乡统筹发展评价体系是由一组既相互关联又相互独立的并可进行量化的指标因子构成的有机整体,用来反映某一区域的城乡统筹发展状况,总体上协调城乡经济、社会、空间发展的关系,全面检测城乡经济、社会、空间发展情况,分析研究城乡协调发展过程中存在的问题并进行有效的调控,保证城乡经济、社会、空间的协调与可持续发展。

根据城乡统筹发展的评价定义,评价主体是人,评价客体是城乡经济系统、社会系统、空间系统;评价的手段是根据城乡统筹发展评价指标体系采用一定的评价方法计算城乡统筹值;评价目的是判断城乡统筹发展情况,并对城乡统筹出现的问题进行有效控制。城乡统筹发展的核心是选择准确的评价指标体系、评价标准和评价方法,评价主

---

① 胡永宏、贺思辉:《综合评价方法》,科学出版社 2000 年版。

体——人需充分认识到打破城乡二元结构的必要性和重要性,考虑问题需从推进城乡一体化的角度出发,遵循城乡统筹发展的全面性、可行性等原则设置评价指标体系,切实反映城乡经济、社会、空间发展的相互联系。

城乡统筹发展评价的目的体现在如下几个方面:一是评价结果能够有助于人们了解城乡统筹发展水平,城乡统筹发展的评价结果是明确城乡统筹发展路径、制定城乡统筹发展对策的重要依据;二是城乡统筹发展的评价过程应有利于人们发现城乡统筹过程中存在的问题以及制约因素,以利于制定相对应的对策措施消除制约因素,打破城乡二元结构,推进城乡统筹发展的有序进行;三是对城乡统筹发展进行动态评价,有利于发现城乡统筹的演化轨迹,判断城乡统筹发展是否偏离城乡统筹协调的目标和方向,以利于制定城乡统筹发展战略,从而为政府制定城乡统筹发展的决策提供依据;四是通过对不同区域间的城乡统筹情况进行分析,有利于发现不同区域间城乡统筹发展的差异,明确区域城乡统筹方面存在的优势及劣势,使本区域充分发挥优势、有效改善劣势,加强区域间的合作交流,提高区域的城乡统筹发展水平。

第三节　城乡统筹发展评价指标体系的建立

一、城乡统筹发展评价指标体系建立的原则

城乡统筹发展涉及城乡经济、社会、空间、整体规划等诸多方面,涉及面广,涵盖的内容比较多,因此城乡统筹是一项复杂的系统工程,在构建评价指标体系时要充分考虑各个方面的因素,选择合理的指标建立评价指标体系,使其能科学、全面、准确的反映城乡统筹情况。因此,构建评价指标体系需遵循一定的原则。

1. 科学性
选取城乡统筹发展指标要以科学的思维作为指导,广泛参考最新

的研究成果,并积极咨询该领域的专家,选取的指标应具有科学的含义、能够量化计算,设计的指标体系既能客观全面的反映城乡统筹现状又能预测未来的发展趋势,力求为城乡统筹评价提供科学真实的指标基础,实现城乡统筹发展的目标。

2. 全面性

城乡统筹发展包含城乡经济、社会生活、空间等问题,涉及面广,所以设计评价指标体系时需考虑指标的全面性,选取能够反映城乡经济、社会、空间布局等方面的指标,对城乡统筹情况进行真实的评价。对于要表达的子系统,应选取具有代表性、避免选取意思相近的指标,使得评价指标体系简洁且容易使用。

3. 可行性

近年来,学者对城乡统筹进行了广泛而深入的研究,提出了城乡统筹评价指标体系,并根据指标体系对各地区城乡统筹进行实证分析,为城乡统筹评价指标体系的理论研究做出了很大贡献,但是目前为止并没有一套确定的评价指标体系,也就是说,现在并没有一套现成的指标体系可以使用,因此,选取指标时,应选取具有共性、可以量化的指标,指标的数据应能够查找且具有较高的可信度,以便于进行计算和分析。为减少指标的数量,尽可能使用综合性指标。

4. 可比性

评价指标体系应注意时间、适用范围的可比性,以便于进行纵向和横向比较,以把握不同年份的城乡统筹态势,比较不同地区的城乡统筹发展情况。纵向和横向比较与选取指标的可比性以及资料数据来源的可靠性具有很大的关系,所以在选取指标时应注重指标的可比性、来源的可靠性。

5. 针对性

城乡经济社会发展不平衡、城乡差距显著是影响我国经济稳定增长、社会和谐进步的重要因素,建立的城乡统筹发展评价指标体系必须能够有针对性地反映当前城乡发展过程中存在的各种问题,评价分析结果应能够反映评价对象的变化趋势,达到探讨城乡发展对策、解决存在问题、指导城乡协调、持续发展的目的。

6. 稳定性

城乡统筹发展是一项持续复杂的工程,缩小城乡收入差距、消除城乡二元结构、统筹城乡发展需要在未来的一定时间内持续进行,也就是说城乡统筹发展具有长期性。因此,评价指标体系的设立需考虑时间的延续性,选取的指标要尽可能反映事物发展趋势、具有稳定的数据来源,以便于把握事物内在发展规律,为制定合理的政策措施提供有力的支撑。

二、城乡统筹评价指标体系的建立

城乡统筹发展评价指标体系与发展观密切相关,传统的发展观将发展仅仅局限于经济发展,并将其等同于经济增长。[1] 1983 年,法国经济学家 F.佩鲁提出发展应该是整体的、内生的、综合的,发展并不仅仅表现为经济增长。本书根据城乡统筹发展的相关理论,借鉴现有研究成果,并结合江苏省实际状况,考虑指标数据的可获得性,遵循科学性、全面性、可比性、可行性、针对性、稳定性原则,建立城乡统筹发展评价指标体系如图 5-2 所示。

统筹城乡评价指标体系由目标层、准则层、指标层构成,目标层由准则层加以反映,准则层由具体评价指标层加以反映。[2]

目标层:统筹城乡发展评价指数作为目标层的综合指数,反映统筹城乡发展的总体状况及变化趋势;

准则层:准则层由三部分组成,分别为经济水平、社会发展、空间布局。经济水平是区域经济社会发展的基础,高质量高速度的经济发展会带动区域快速发展,经济发展是城乡关系改善的前提,统筹城乡经济协调发展体现了城乡经济发展综合实力和经济发展水平与结构情况;社会发展是区域内社会发展的重要组成部分,统筹城乡社会协调

---

① 陈鸿彬:《城乡统筹发展定量评价指标体系的构建》,《地域研究与开发》2007 年第 4 期。

② 赵保佑、李军法、完世美:《统筹城乡经济协调发展与科学评价》,社会科学文献出版社 2009 年版。

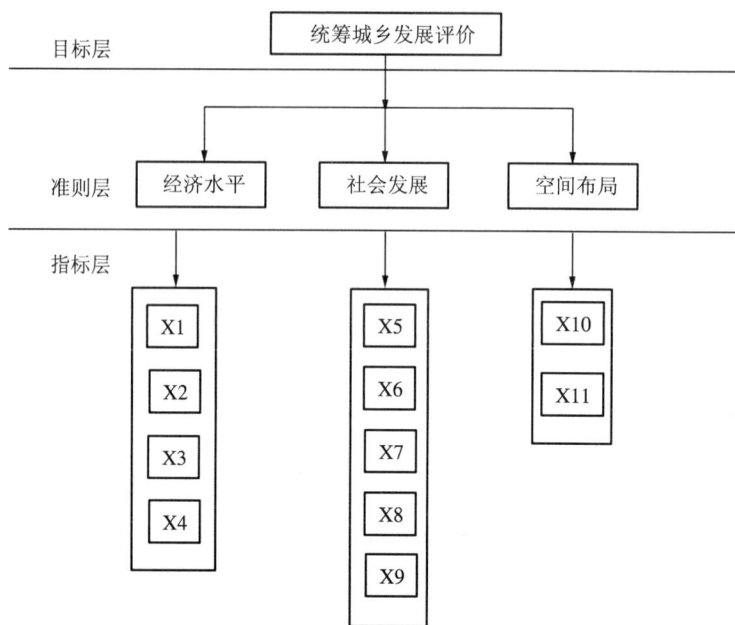

图 5－2　城乡统筹发展评价指标体系

发展体现为城乡间社会事业的发展状况、城乡间居民生活质量变化情况;空间布局是区域内城乡协调发展的保障,是城乡居民健康生活、工作的条件及基石;城乡空间统筹协调发展体现了城乡人口、道路的变动情况。

　　指标层:指标层由 11 个指标构成,具体为:

$$
经济水平 = \begin{cases} 城乡居民收入差异系数 X1 \\ 农业比较劳动生产率 X2 \\ 二三产业结构偏离度 X3 \\ 财政支农 X4 \end{cases}
$$

$$
社会发展 = \begin{cases} 城乡居民消费支出比 X5 \\ 城乡居民人均住房面积比 X6 \\ 城乡居民信息化对比系数 X7 \\ 城乡居民医疗负担差异 X8 \\ 城乡居民恩格尔系数比 X9 \end{cases}
$$

$$空间布局＝\left\{\begin{array}{l}人口密度 X10\\公路网密度 X11\end{array}\right\}$$

上述的指标体系,有些指标通过统计年鉴、统计公报等直接查询或简单计算得到,而有些指标需通过公式计算得出。现就部分指标做如下说明:

(1) 城乡居民收入差异系数,该指标反映城乡居民的收入差异状况,指标值越大表明城乡居民的收入差距越大,城乡经济统筹发展水平越低。计算公式＝1－农村居民人均纯收入/城镇居民人均可支配收入;

(2) 农业比较劳动生产率,该指标反映农业部门的产值与劳动力比重,指标值越高表明单位劳动力的农业产值越高。计算公式＝(农业部门产值/总产值)/(农业部门就业人数/三产总就业人数);

(3) 二三产业结构偏离度,该指标表示二三产业从业人数与从业总量的比值。在产业的转换过程中,从业人员会随着产业结构的递进从低层次产业转移到高层次产业,第一产业的人数越多,表明产业层次越低;

(4) 城乡信息化对比系数,该指标反映城乡居民交通、通讯方面存在的差异。指标值越大表明城乡居民间差异越大,城乡社会统筹发展水平越低。计算公式＝城镇居民交通通讯/农村居民交通通讯;

(5) 城乡居民医疗负担程度差异,该指标反映城乡居民在医疗保健支出方面存在的差异。指标值越大表明城乡居民间差异越大,城乡社会统筹发展水平越低。计算公式＝(城镇居民医疗保健支出/城镇居民可支配收入)/(农村居民医疗保健费用/农村居民纯收入);

(6) 公路网密度,指标值越大表明城乡空间统筹发展水平越高。计算公式＝公路运营里程/区域土地面积。

第四节　城乡统筹发展的评价方法

一、城乡统筹评价方法概述

科学合理的评价方法对城乡统筹发展的评价结果具有重要的影响,近年来,学者对城乡统筹评价指标体系的建立、评价方法的运用进行了深入研究,涉及到的评价方法主要有专家打分法、层次分析法、TOPSIS法、因子分析法、主成分分析法等。

1. 专家打分法

专家打分法是指通过匿名方式征询有关专家的意见,对专家意见进行统计、处理、分析和归纳,客观地综合多数专家经验与主观判断,对大量难以采用技术方法进行定量分析的因素做出合理估算,经过多轮意见征询、反馈和调整后,对价值可实现程度进行分析的方法。专家打分法具有简便性,根据评价对象,确定评价目标,制定评价的等级标准;由于每个等级标准均用打分的形式体现,直观性较强。但不容忽视的是专家打分法主观性太强,结果与实际往往有所偏差。

2. 层次分析法

美国运筹学家、匹兹堡大学萨迪(T. L. Saaty)在20世纪70年代提出了一种以定性与定量相结合、系统化、层次化分析问题的方法,称为层次分析法(Analytic Hiearchy Process,AHP)。层次分析法根据所研究问题的性质以及研究的目的把复杂的问题分解为不同的组成因素,将组成因素按照隶属关系及关联程度分组并形成有序的递阶层次结构,通过两两比较的方式确定各因素的相对重要性,然后综合决策者的判断,确定决策方案重要性的总的排序。层次分析法将人们的思维过程层次化,逐层比较其间的相关因素并逐层检验比较结果是否合理,从而为分析决策提供了较具说服力的定量依据。

层次分析过程可分为四个基本步骤:一是建立层次结构模型;二是构造出各层次中的所有判断矩阵;三是层次单排序及一致性检验;

四是层次总排序及一致性检验。层次分析法将研究对象看作一个系统,按照研究对象的性质和研究目的分解为不同的组成元素,将组成元素分组形成层次结构,确定各个元素的相对重要性,结合决策者的判断确定层次总的排序,实现了定性与定量有效的结合,应用范围较广。但层次分析法使用过程中人的主观性强,从建立层次结构模型到构造判断矩阵,均需要根据人的主观判断进行。

3. TOPSIS 法

TOPSIS(Technique for Order Preference by Similarity to an Ideal Solution)法是由 C.L. Hwang 和 K. Yoon 在 1981 年提出,TOPSIS 法要求函数呈单调递增性或单调递减性,将评价对象与最优解和最劣解之间的距离作为衡量其与最优方案的接近程度。基本思想是找出已进行趋势化和标准化的原始矩阵的正理想解及负理想解,接着计算评价对象与正理想解及负理想解的距离,该距离就表示评价对象与最优方案的接近程度,根据接近程度对评价对象进行优劣排序。[①] TOPSIS 法的计算步骤:一是将评价指标进行趋势化和标准化处理;二是计算并寻找正负理想解;三是计算评价对象与正负理想解间的距离;四是确定评价对象的优劣顺序。传统的 TOPSIS 法具有计算简便、决策效率高等优点,但在实际应用中存在一些问题,权重的确定往往要依赖于层次分析法,也具有一定的主观性。

4. 主成分分析法

主成分分析(Principal Component Analysis)最早是由卡尔·皮尔森(Karl Pearson, 1901)针对非随机变量提出来的,之后由霍特林(Hotelling, 1933)把此方法推广到了随机变量的范围。[②] 是把多个指标转化为少数几个综合指标的一种统计分析方法。在多指标的研究中,往往由于变量个数太多,且彼此之间存在着一定的相关性,因而使得所观测的数据在一定程度上有信息的重叠。当变量较多时,在高维空

---

① 肖媛媛:《应用 TOPSIS 法对门诊病人满意度进行综合评价》,四川大学,2007 年。
② 李胜:《基于主成分分析的中国上市公司财务预警模型研究》,吉林大学,2008 年。

间中研究样本的分布规律就更麻烦。主成分分析采取一种降维的方法,找出几个综合因子代表原来众多变量,使这些综合因子尽可能地反映原来变量的信息量,而且彼此之间互不相关,从而达到简化的目的。基本思想是通过线性组合的方法,用一组相互独立的新的指标来表示原先的具有相关性的指标,新的综合指标的方差表示所包含的信息量的大小,用 F_i 表示表示综合指标,F_1 的方差越大,表示 F_1 所包含的信息量越大,把 F_1 作为第一主成分,然后以此类推,找出 F_2,F_3 等等,直到新的综合指标能够反映大部分的原始指标的信息,用累计贡献率表示解释原始变量的大小,累计贡献率一般达到 80% 左右就可以了。主成分分析的计算步骤:一是将原始数据标准化处理;二是计算相关系数矩阵;三是计算相关系数矩阵的特征值及特征向量;四是选择主成分。主成分分析法能够在不影响获取原始数据大部分信息的同时,能够减少变量的个数,便于计算分析和处理问题。

5. 因子分析法

因子分析法(factor analysis)主要是由心理学发展起来的,1904 年 Chales Speraman 用这种方法对智力测验得分进行统计分析。随着计算机的发展以及因子分析法理论的不断完善,目前因子分析在多领域得到广泛的应用,主要应用于两个方面:一个是将为数众多的变量减少为几个新因子,再现系统内变量之间的内在联系;二是用于分类,根据变量或者样本的因子得分值在因子轴所构成的空间中进行分类处理。因子分析法也是一种降维、简化数据的多元统计方法,通过研究众多变量间的内部依赖关系,探求观测数据中的基本结构,并用少数几个抽象变量来表示其基本的数据结构,这几个抽象的变量成为"因子",能反映原来变量的主要信息。

因子分析法和主成分分析法都是统计分析中降维的方法,计算也比较类似,因子分析中特征值的计算需从相关系数矩阵开始,同时也需把主成分转换成因子,因子分析法是主成分分析法的发展和延伸。但因子分析与主成分分析也存在一些区别,主成分分析不能作为一个模型来描述,它只能做通常的变量变换,而因子分析需要构建因子模型;主成分分析的主分量数和变量数相等,而因子分析的目的是使主分量数比变量数少,而且要选取尽可能小的主分量,以便构造一个结构尽可能简单的模型;主成分分析将主分量表示为原始变量的线性组合,而因子分析将原始变量表示为新因子的线性组合,即为新因子的综合指标。

二、评价方法的对比分析与选择

专家评价法是一种主观赋权的方法,作为单独的方法进行使用必然不能达到十分的客观,可以和其他客观赋权法结合使用,以提高评价结果的准确性。TOPSIS法的正负理想解的确定依赖于标准化的无量纲数据矩阵,当评价环境不一样或自身系统条件发生变化时,会导致正负理想解不一样,进而导致排序结果的不一致,评价结果不唯一;另外,TOPSIS法不能解决指标间的相关性问题。当评价指标体系相对来说比较完善而且要求评价结果客观准确时,层次分析法是不错的选择,但应注意的是运用层次分析法时,若某一层次的指标较多,容易使评价者做出模糊性判断,导致判断矩阵不一致。当选择的指标变量较多,希望将原始指标变量转化为少数几个新变量,同时希望新变量几乎能反映原始变量的全部信息时,可以选择主成分分析法。因子分析法适用于从原始变量中找到潜在的公共因子,并对公共因子进行实际含义解释。[1] 在这些评价方法中,最大的不同是指标权重的确定,进行综合评价,指标权重对结果的客观性及科学性有较为重要的影响。此外,即使是构建了合理的评价指标体系,因选择评价方法不同导致评价结果不同,甚至出现评价结果与实际不符的情况。所以,评价研究对象时,需具体问题具体分析,综合考虑选择最合适的评价方法。

本书的研究内容和对象是江苏省城乡统筹发展的状况以及影响因素,目的就是通过合理选择反映城乡统筹各方面的相应评价指标,分析江苏省整体和江苏省三大区域 1990—2010 年间城乡统筹情况,并

---

① 黄翔:《重庆市城乡统筹评价及其影响因素研究》,重庆大学,2010 年。

对各年份的城乡统筹情况进行综合评价,绘制时间序列上的城乡统筹发展水平趋势图,以反映江苏省整体和三大区域的城乡统筹发展规律。因子分析法作为一种综合评价方法具有独特的优点:一是因子分析法可以解决指标间的相关性,用比较少的几个公因子来反映原始指标的大部分信息,有效地解决了原始指标数据间的信息重叠问题;二是因子分析法按照各公因子的方差贡献率确定指标权重,权重系数客观,使得综合评价结果具有唯一性。因此,本书研究利用因子分析法提供各年份的综合评价得分的基础上,客观地确定每个公因子的相对权重,通过这些权重判断出各公因子的重要程度,理清指标体系中的各因素关系,并找出重要影响因素,进而明确统筹统筹发展的重点。

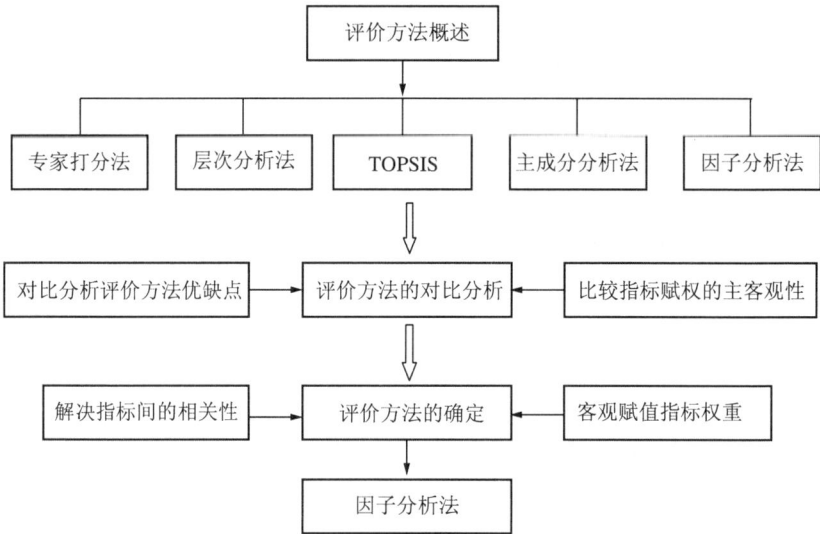

图 5-3 城乡统筹发展评价方法选择流程图

第六章 江苏省城乡统筹值的测定
——因子分析法

由上一章评价方法的研究分析得出,因子分析法在解决指标数据之间的相关性以及客观确定指标数据的权重方面有独特的优势,同时,因子分析法在解决多指标问题时能够提取出几个公因子,并且这些公因子能够反映大部分的信息,便于抓住事物主要方面,简化问题,提高分析效率。因此,本章节借助 SPSS13.0 软件选择因子分析法对江苏省城乡统筹发展水平(统筹值)进行实证研究。

第一节 因子分析法概述

因子分析是寻找对观察结果起支配作用的潜在因子的探索性统计分析方法,利用主要因子描述数据集内部结构,起到数据降维的作用。因子分析的思想将主成分作为初始因子,通过对载荷阵作方差最大旋转实现的。旋转转换的目的是使因子载荷相对集中,便于对因子做合理的解释。按照因子载荷阵各列元素的绝对值大小,判断因子主要对哪些变量有潜在支配作用。因子分析时因子的个数以变量相关阵的特征值及相关主成分的累计贡献率作参考。

一、因子分析法的模型

$$X_1 = a_{11}F_1 + a_{12}F_2 + a_{13}F_3 + \cdots + a_{1m}F_m + a_1\varepsilon_i$$
$$X_2 = a_{21}F_1 + a_{22}F_2 + a_{23}F_3 + \cdots + a_{2m}F_m + a_2\varepsilon_2$$
$$\cdots\cdots$$
$$X_p = a_{p1}F_1 + a_{p2}F_2 + a_{p3}F_3 + \cdots + a_{pm}F_m + a_p\varepsilon_p$$

即

$$X_i = a_{i1}F_1 + a_{i2}F_2 + a_{i3}F_3 + \cdots + a_{im}F_m + a_i\varepsilon_i \quad (i=1,2,\cdots,p)$$

(1)

该模型中,$F_1,F_2,\cdots,F_m$ 称为公共因子,也就是在各个变量中共同出现的因子;a_{ij} 叫做因子载荷,是指第 i 个变量在第 j 个主因子上的负荷,反映了第 i 个变量在第 j 个主因子上的相对重要性;ε_i 为特殊因子,相互独立遵循正态分布,a_i 为特殊因子的载荷。

该模型可用矩阵表示为:

$$\boldsymbol{X} = \boldsymbol{A}\boldsymbol{F} + \boldsymbol{\varepsilon}$$

(2)

其中:$\boldsymbol{A} = \begin{bmatrix} a_{11} & a_{12} & \cdots & a_{1m} \\ a_{21} & a_{22} & \cdots & a_{2m} \\ \cdots & \cdots & \cdots & \cdots \\ a_{p1} & a_{p2} & \cdots & a_{pm} \end{bmatrix} = (A_1, A_2, \cdots, A_m)$

$$\boldsymbol{X} = \begin{bmatrix} X_1 \\ X_2 \\ \vdots \\ X_p \end{bmatrix}, \quad \boldsymbol{F} = \begin{bmatrix} F_1 \\ F_2 \\ \vdots \\ F_m \end{bmatrix}, \quad \boldsymbol{\varepsilon} = \begin{bmatrix} \varepsilon_1 \\ \varepsilon_2 \\ \vdots \\ \varepsilon_p \end{bmatrix}$$

该模型满足以下条件:

(1) $m \leqslant p$;

(2) $\mathrm{Cov}(\boldsymbol{F}, \boldsymbol{\varepsilon}) = 0$,即公共因子与特殊因子是不相关的;

(3) $\boldsymbol{D}_F = D(\boldsymbol{F}) = \begin{bmatrix} 1 & & & 0 \\ & 1 & & \\ & & \ddots & \\ 0 & & & 1 \end{bmatrix} = \boldsymbol{I}_m$,即各个公共因子不相关

且方差为 1;

(4) $\boldsymbol{D}_\varepsilon = D(\varepsilon) = \begin{bmatrix} \sigma_1^2 & & & 0 \\ & \sigma_2^2 & & \\ & & \ddots & \\ 0 & & & \sigma_p^2 \end{bmatrix}$,即各个特殊因子不相关,方

差不要求相等。

应注意的是：一是变量 X 的协差阵 Σ 的分解式为：

$$D(\boldsymbol{X}) = D(\boldsymbol{AF} + \boldsymbol{\varepsilon}) = E\left[(\boldsymbol{AF} + \boldsymbol{\varepsilon})(\boldsymbol{AF} + \boldsymbol{\varepsilon})'\right]$$

$$= \boldsymbol{A}E(\boldsymbol{FF}')\boldsymbol{A}' + \boldsymbol{A}E(\boldsymbol{F\varepsilon}') + E(\boldsymbol{\varepsilon F}')\boldsymbol{A}' + \boldsymbol{E}(\boldsymbol{\varepsilon\varepsilon}')$$

$$= \boldsymbol{A}D(\boldsymbol{F})\boldsymbol{A}' + D(\boldsymbol{\varepsilon})$$

由式（2）满足的条件知：

$$\Sigma = AA' + D_\varepsilon \qquad (3)$$

如果 X 为标准化了随机向量，则 Σ 就是相关矩阵 $\boldsymbol{R} = (\rho_{ij})$，即

$$\boldsymbol{R} = \boldsymbol{AA}' + D_\varepsilon \qquad (4)$$

第二，因子载荷是不唯一的。这是因为对于 $m \times m$ 的正交矩阵 $\boldsymbol{T}$，令 $\boldsymbol{A}^* = \boldsymbol{AT}, \boldsymbol{F}^* = \boldsymbol{T}'\boldsymbol{F}$，则模型可以表示为

$$\boldsymbol{X} = \boldsymbol{A}^* \boldsymbol{F}^* + \boldsymbol{\varepsilon}$$

由于

$$D(\boldsymbol{F}^*) = \boldsymbol{T}'D(\boldsymbol{F})\boldsymbol{T} = \boldsymbol{T}'\boldsymbol{T} = \boldsymbol{I}_{m \times m}$$

$$\mathrm{Cov}(\boldsymbol{F}^*, \boldsymbol{\varepsilon}) = E(\boldsymbol{F}^* \boldsymbol{\varepsilon}') = \boldsymbol{T}'E(\boldsymbol{F\varepsilon}') = 0$$

所以仍然满足模型的条件。同样 Σ 也可以分解为

$$\Sigma = \boldsymbol{A}^* \boldsymbol{A}^{*\prime} + \boldsymbol{D}_\varepsilon$$

因此，因子载荷矩阵 A 不是唯一的，在实际的应用中常常利用这一点，通过因子的变换，使得新的因子有更好的实际意义。

二、因子载荷的意义

（一）因子载荷的统计意义

由因子模型：

$$a_{i1}F_1 + a_{i2}F_2 + a_{i3}F_3 + \cdots + a_{ij}F_j + \cdots + a_{im}F_m + a_i\varepsilon_i (i = 1,2,\cdots,p)$$

$$(5)$$

可以计算出，X_i 与 F_j 的协方差：

$$\mathrm{Cov}(X_i, F_j) = \mathrm{Cov}(\sum_{k=1}^{m} a_{ik}F_k + \varepsilon_i, F_j) = \mathrm{Cov}(\sum_{k=1}^{m} a_{ik}F_k, F_j) + \mathrm{Cov}(\varepsilon_i, F_j) = a_{ij}$$

$$(6)$$

对 X_i 作了标准化处理，X_i 的标准差为 1，F_j 的标准差为 1，所以：

$$r_{X_i,F_j} = \frac{\mathrm{Cov}(X_i,F_j)}{\sqrt{D(X_i)}\sqrt{D(F_j)}} = \mathrm{Cov}(X_i,F_j) = a_{ij} \tag{7}$$

标准化后的 X_i，a_{ij} 是 X_i 与 F_j 的相关系数，它一方面表示 X_i 对 F_j 的依赖程度，绝对值越大，密切程度越高；另一方面也反映了变量 X_i 对公共因子 F_j 的相对重要性。

（二）变量共同度的统计意义

因子载荷矩阵 A 的各行元素的平方和 $h_i^2 = \sum_{j=1}^{m} a_{ij}^2 \quad i=1,2,\cdots,p$ 为变量 X_i 的共同度。由因子模型，知

$$D(X_i) = a_{i1}^2 D(F_1) + a_{i2}^2 D(F_2) + \cdots + a_{im}^2 D(F_m) + D(\varepsilon_i)$$
$$= a_{i1}^2 + a_{i2}^2 + \cdots + a_{im}^2 + D(\varepsilon_i) = h_i^2 + \sigma_i^2 \tag{8}$$

由上式可以看出，变量 X_i 的方差由两部分组成：第一部分为共同度 h_i^2，它描述了全部公共所选取的因子对变量 X_i 的总方差所作的贡献，反映了公共因子对变量 X_i 的影响程度。若公因子的方差趋近 1，表明该变量的几乎全部原始信息都被因子描述。第二部分为特殊因子 ε_i 对变量 X_i 的方差的贡献，通常称为个性方差，它仅与变量 X_i 本身的变化有关。

（三）公因子 F_j 的方差贡献 g_j^2 的统计意义

$$g_j^2 = \sum_{i=1}^{p} a_{ij}^2 \quad j=1,2,\cdots,m \tag{9}$$

因子载荷矩阵 A 各列的元素平方和为公因子 F_j 的方差贡献。g_j^2 表示同一公共因子 F_j 对各变量所提供的方差贡献之总和，它是衡量每一个公共因子相对重要性的一个尺度，而且等于公因子所对应的特征值。

三、因子载荷矩阵的求解

在实际应用中建立因子分析模型，关键是估计载荷矩阵 A，常用的方法是主轴因子法。假定原始向量 $\boldsymbol{X} = (X_1, X_2, \cdots, X_p)'$ 已作了标准

化变换。如果随机向量 X 满足因子模型(2)式,已知 X 的相关阵为 R,由(7.5)式知

$$R = AA' + D_\varepsilon$$

令

$$R^* = R - D_\varepsilon = AA'$$

则称 R^* 为 X 的约相关阵。R^* 中的主对角线的元素是 h_i^2,而不是 1,非对角线的元素和 R 中的完全一样,并且 R^* 是一个非负定矩阵。记 $R^* = (r_{ij}^*)_{p \times p}$,则

$$r_{ij}^* = \sum_{k=1}^{m} a_{ik} a_{jk} = \begin{cases} \sigma_{ij} & i \neq j \\ \sigma_{ii} - \sigma_i^2 & i = j \end{cases} \quad i, j = 1, 2, \cdots, p \quad (9)$$

因为 A 的解是不唯一的,可以有许多。这种方法要求得到的解使得第一公共因子 F_1 对 X 的贡献 $g_1^2 = \sum_{i=1}^{p} a_{i1}^2$ 达到最大,第二共因子 F_2 对 X 的贡献 $g_2^2 = \sum_{i=1}^{p} a_{i2}^2$ 达到次之,$\cdots$,第 m 个公共因子 F_m 对 X 的贡献最小。即相应的"贡献"依次为 $g_1^2 \geqslant g_2^2 \geqslant \cdots \geqslant g_m^2$。

求 $A_1 = (a_{11}, a_{21}, \cdots, a_{p1})'$ 向量,在条件 $r_{ij}^* = \sum_{k=1}^{m} a_{ik} a_{jk}, i, j = 1, 2, \cdots, p$ 下,使得 $g_1^2 = \sum_{i=1}^{p} a_{i1}^2$ 达到最大值。这是一个条件极值问题,构造目标函数为:

$$\varphi(a_{11}, a_{21}, \cdots a_{p1}) = \frac{1}{2} g_1^2 - \frac{1}{2} \sum_{i=1}^{p} \sum_{j=1}^{p} \lambda_{ij} \left(\sum_{k=1}^{m} a_{ik} a_{jk} - r^* \right) \quad (10)$$

其中 λ_{ij} 是拉氏系数,由于 R^* 是对称阵,所以 $\lambda_{ij} = \lambda_{ji}$。于是有:

$$\begin{cases} \dfrac{\partial \varphi}{\partial a_{i1}} = a_{i1} - \sum_{j=1}^{p} \lambda_{ij} a_{j1} = 0, & i = 1, 2, \cdots, p \\ \dfrac{\partial \varphi}{\partial a_{it}} = - \sum_{j=1}^{p} \lambda_{ij} a_{jt} = 0, & t \neq 1 \end{cases}$$

求解得出,

$$\sum_{j=1}^{p} \lambda_{ij} a_{jt} - \delta_{1t} a_{i1} = 0 \quad i = 1, 2, \cdots, p; t = 1, 2, \cdots, m \quad (11)$$

其中，$\delta_{1t}=\begin{cases}1 & t=1\\ 0 & t\neq 1\end{cases}$

用 a_{i1} 乘(11)式，并对 i 求和，得

$$\sum_{j=1}^{p}\left(\sum_{i=1}^{p}\lambda_{ij}a_{i1}\right)a_{jt}-\delta_{1t}\sum_{i=}^{p}a_{i1}^2=0,\quad t=1,2,\cdots,m$$

$$\because\ g_1^2=\sum_{i=1}^{p}a_{i1}^2,\ \sum_{i=1}^{p}\lambda_{ij}a_{i1}=\sum_{j=1}^{p}\lambda_{ji}a_{i1}=a_{j1}$$

$$\therefore\ \sum_{j=1}^{p}a_{j1}a_{jt}-\delta_{1t}g_1^2=0\quad t=1,2,\cdots,m \tag{12}$$

用 a_{it} 乘(12)式，并对 t 求和，得

$$\sum_{j=1}^{p}a_{j1}\left(\sum_{t=1}^{m}a_{jt}a_{it}\right)-\sum_{t=1}^{m}\delta_{1t}a_{it}g_1^2=0,\quad i=1,2,\cdots,p$$

$$\because\ r_{ij}^*=\sum_{t=1}^{m}a_{it}a_{jt},\ \therefore\ \sum_{j=1}^{p}r_{ij}^*a_{j1}=a_{i1}g_1^2,\quad i=1,2,\cdots,p$$

用向量表示为

$$(r_{i1}^*,r_{i2}^*,\cdots,r_{ip}^*)\begin{pmatrix}a_{11}\\ \vdots\\ a_{p1}\end{pmatrix}=a_{i1}g_1^2,\quad i=1,2,\cdots,p$$

则有 $(\boldsymbol{R}^*-\boldsymbol{I}g_1^2)A_1=0$，由此知 g_1^2 是约相关阵 $\boldsymbol{R}^*$ 的最大特征根，A_1 是相应 g_1^2 的特征向量。

记约相关阵 $\boldsymbol{R}^*$ 的最大特征根为 λ_1^*，相应的单位特征向量为 $\boldsymbol{t}_1^*$。

考虑到约束条件 $g_1^2=\sum_{i=1}^{p}a_{i1}^2=A_1'A_1=\lambda_1^*$，且 $\boldsymbol{t}_1^*{}'\boldsymbol{t}_1^*=1$，则 A_1 应取为：
$A_1=\sqrt{\lambda_1^*}\ \boldsymbol{t}_1^*$，$A_1$ 仍是相对于 λ_1^* 的一个特征向量，且满足 $A_1'A_1=\lambda_1^*\boldsymbol{t}_1^*{}'\boldsymbol{t}_1^*=\lambda_1^*=g_1^2$。即可得到 A 阵中第一列 A_1。

约相关阵 $\boldsymbol{R}^*$ 的谱分解式为

$$\boldsymbol{R}^*=\sum_{i=1}^{p}\lambda_i^*t_i^*t_i^*{}'=A_1A_1'+\sum_{i=2}^{p}\lambda_i^*t_i^*t_i^*{}' \tag{13}$$

约相关阵 $\boldsymbol{R}^*$ 还可以分解为 $\boldsymbol{R}^*=\boldsymbol{A}\boldsymbol{A}'=(A_1,\cdots,$

$A_m)\begin{pmatrix}A_1'\\ \vdots\\ A_m'\end{pmatrix}=\sum_{t=1}^{m}A_tA_t'$

因此,求出 A_1 后,将 $\boldsymbol{R}^*$ 减去 $A_1 A'_1$,就得 $\boldsymbol{R}^* - A_1 A'_1$
$= \sum\limits_{t=1}^{m} A_t A'_t$

对于 $\boldsymbol{R}^* - A_1 A'_1$ 重复上面的讨论,从(13)可以看出,要求的 $g_2^2 =$
λ_2^*,$A_2 = \sqrt{\lambda_2^*}\, t_2^*$,即 g_2^2 是约相关阵 $\boldsymbol{R}^*$ 的第二大特征根 λ_2^*,A_2 是相应
于 λ_2^* 且满足 $g_2^2 = \sum\limits_{i=1}^{p} a_{i2}^2 = A'_2 A_2 = \lambda_1^*$ 的特征向量。依此类推,可以求
得

$$g_t^2 = \lambda_t^*, \quad A_t = \sqrt{\lambda_t^*}\, t_t^*, \quad t = 1, 2, \cdots, m$$

其中,λ_t^* 约相关阵 $\boldsymbol{R}^*$ 的第 t 大特征根,t_t^* 为相应的特征向量。这样可
求得载荷矩阵 A 为:

$$A = (\sqrt{\lambda_1^*}\, t_1^* \quad \sqrt{\lambda_2^*}\, t_2^*, \quad \cdots, \quad \sqrt{\lambda_m^*}\, t_m^*)$$

$$= (t_1^* \quad t_2^*, \quad \cdots, \quad t_m^*) \begin{bmatrix} \sqrt{\lambda_1^*} & & 0 \\ & \ddots & \\ 0 & & \sqrt{\lambda_m^*} \end{bmatrix} \tag{14}$$

四、最大方差旋转

因子分析不仅要找出公共因子,还要对公共因子的实际含义进行
合理解释,有的时候根据特征根、特征向量直接算的因子载荷阵较难
看出公共因子的含义,这时就需要通过因子旋转的方法,使每个变量
仅在一个公共因子上有较大的载荷,在其余的公共因子上的载荷较
小。这时对于每个公共因子而言(载荷矩阵的每一列),它在部分变量
上的载荷较大,在其他变量上的载荷较小,使同一列上的载荷尽可能
向 0 和 1 分化。

令 $A^* = A\Gamma = (a_{ij}^*)_{p \times m}$,$d_{ij} = a_{ij}^* / h_i$,$\bar{d}_j = \dfrac{1}{p} \sum\limits_{i=1}^{p} d_{ij}^2$,则 A^* 的第 j

列元素平方的相对方差可定义为:$V_j = \dfrac{1}{p} \sum\limits_{i=1}^{p} (d_{ij}^2 - \bar{d}_j)^2$(15),用 a_{ij}^* 除
以 h_i 是为了消除各个原始变量 X_i 对公共因子依赖程度不同的影响,选

择除数 h_i 是因为 A^* 第 i 行平方和

$$h_i^{*\,2} = \sum_{j=1}^{m} a_{ij}^{*\,2} = (a_{i1}^*, a_{i2}^*, \cdots, a_{im}^*)\begin{pmatrix} a_{i1}^* \\ \vdots \\ a_{im}^* \end{pmatrix} = (a_{i1}, a_{i2}, \cdots,$$

$$a_{im})\Gamma\Gamma'\begin{pmatrix} a_{i1} \\ \vdots \\ a_{im} \end{pmatrix} = \sum_{j=1}^{m} a_{ij}^2 = h_i^2$$ 取 d_{ij}^2 是为了消除 d_{ij} 符号不同的影响。

最大方差旋转法的最大意义是选择正交矩阵 $\boldsymbol{\Gamma}$，使得矩阵 $\boldsymbol{A}^*$ 所有 m 个列元素平方的相对方差之和 $V = V_1 + V_2 + \cdots + V_m$ 达到最大。当 $m = 2$ 时，设已求出的因子载荷矩阵为

$$\boldsymbol{A} = \begin{pmatrix} a_{11} & a_{12} \\ a_{21} & a_{22} \\ \vdots & \vdots \\ a_{p1} & a_{p2} \end{pmatrix}$$

现选取正交变换矩阵 $\boldsymbol{\Gamma}$ 进行因子旋转，$\boldsymbol{\Gamma}$ 可以表示为 $\boldsymbol{\Gamma} = \begin{pmatrix} \cos\theta & -\sin\theta \\ \sin\theta & \cos\theta \end{pmatrix}$，这里 θ 是坐标平面上因子轴按顺时针方向旋转的角度，只要求出 θ，也就求出了 Γ。

$$\boldsymbol{A}^* = \boldsymbol{A\Gamma} = \begin{pmatrix} a_{11}\cos\theta + a_{12}\sin\theta & -a_{11}\sin\theta + a_{12}\cos\theta \\ a_{21}\cos\theta + a_{22}\sin\theta & -a_{21}\sin\theta + a_{22}\cos\theta \\ \vdots & \vdots \\ a_{p1}\cos\theta + a_{p2}\sin\theta & -a_{p1}\sin\theta + a_{p2}\cos\theta \end{pmatrix} = \begin{pmatrix} a_{11}^* & a_{12}^* \\ a_{21}^* & a_{22}^* \\ \vdots & \vdots \\ a_{p1}^* & a_{p2}^* \end{pmatrix}$$

由 $d_{ij} = a_{ij}^*/h_i \quad i = 1, 2, \cdots, p, \qquad j = 1, 2;$

$$\bar{d}_j = \frac{1}{p}\sum_{i=1}^{p} d_{ij}^2, \quad \bar{d}_j = \frac{1}{p}\sum_{i=1}^{p} d_{ij}^2$$

即可求出 A^* 各列元素平方的相对方差之和 V。显然，V 是旋转角度 θ 的函数，按照最大方差旋转法的原则，求 θ 使得 V 达到最大。由微积分中求极值的方法，将 V 对 θ 求导，并令其为零，可以推出 θ 满足

$$\mathrm{tg}\,4\theta = \frac{D - 2AB/p}{C - (A^2 - B^2)/p} \qquad (16)$$

其中,

$$A = \sum_{i=1}^{p} u_i, B = \sum_{i=1}^{p} v_i, C = \sum_{i=1}^{p} (u_i^2 - v_i^2), D = 2\sum_{i=1}^{p} u_i v_i$$

$$u_i = \left(\frac{a_{i1}}{h_i}\right)^2 + \left(\frac{a_{i2}}{h_i}\right)^2, v_i = 2\,\frac{a_{i1} a_{i2}}{h_i^2}$$

当 $m > 2$ 时,可逐次对每两个公共因子和进行上述旋转。对公因子 F_l 和 F_k 进行旋转,就是对 A 的第 l 和 k 两列进行正交变换,使这两列元素平方的相对方差之和达到最大,而其余各列不变,其正交变换矩阵为

$$\Gamma_{lk} = \begin{bmatrix} 1 & & & & & & & & & \\ & \ddots & & & & & & & & \\ & & \cos\theta & & & -\sin\theta & & & & \\ & & & 1 & & & & & & \\ & & & & \ddots & & & & & \\ & & & & & 1 & & & & \\ & & \sin\theta & & & \cos\theta & & & & \\ & & & & & & 1 & & & \\ & & & & & & & \ddots & & \\ & & & & & & & & 1 \end{bmatrix} \begin{matrix} \\ \\ l \\ \\ \\ \\ k \\ \\ \\ \\ \end{matrix}$$

其中 θ 是因子轴 F_l 和 F_k 的旋转角度,矩阵中其余位置上的元素全为 0。m 个公共因子两两配对旋转共需要进行 $C_m^2 = \dfrac{m(m-1)}{2}$ 次,称其为完成了第一次旋转,并记第一轮旋转后的因子载荷矩阵为 $\boldsymbol{A}^{(1)}$。然后再重新开始,进行第二轮的 C_m^2 次配对旋转,新的因子载荷矩阵记为 $\boldsymbol{A}^{(2)}$。这样可以得到一系列的因子载荷矩阵为

$$\boldsymbol{A}^{(1)}, \boldsymbol{A}^{(2)}, \cdots, \boldsymbol{A}^{(s)}, \cdots$$

记 $\boldsymbol{V}^{(s)}$ 为 $\boldsymbol{A}^{(s)}$ 各列元素平方的相对方差之和,则必然有 $V^{(1)} \leqslant V^{(2)} \leqslant \cdots \leqslant V^{(s)} \leqslant \cdots$ 这是一个有界的单调上升数列,因此,一定会收敛到

某一个极限。在实际应用中,当 $V^{(s)}$ 的值变化不大时,即可停止旋转。

五、因子得分

在因子分析模型 $\boldsymbol{X}=\boldsymbol{AF}+\varepsilon$ 中,若不考虑特殊因子的影响,当 $m=p$ 且 $\boldsymbol{A}$ 可逆时,可以很方便地计算出 $\boldsymbol{X}$ 在因子 $\boldsymbol{F}$ 上的相应取值: $\boldsymbol{F}=\boldsymbol{A}^{-1}\boldsymbol{X}$。但在实际应用中要求 $m<p$,因此,不能精确计算出因子的得分情况,只能对因子得分进行估计。估计因子得分的方法也有很多,汤姆森(Thomson,1939)给出了一个回归的方法,称作汤姆森回归法。

该方法假设公共因子可在对 p 个原始变量作回归,即

$$\hat{F}_j=b_{j0}+b_{j1}X_1+\cdots+b_{jp}X_p(j=1,\cdots,m) \qquad (17)$$

如果 F_j,X_i 都标准化了,回归的常数项为零,即 $b_{j0}=0$。

由因子载荷的统计意义(5)式知道,对于任意的 $i=1,\cdots,p,j=1,\cdots m$ 都有

$$
\begin{aligned}
a_{ij}&=r_{X_i,F_j}=E(X_iF_j)\\
&=E[X_i(b_{j1}X_1+\cdots+b_{jp}X_p)]\\
&=b_{j1}E(X_iX_1)+\cdots+b_{jp}E(X_iX_p)\\
&=b_{j1}r_{i1}+\cdots+b_{jp}r_{ip}
\end{aligned}
$$

记 $\boldsymbol{B}=\begin{bmatrix} b_{11} & b_{12} & \cdots & b_{1p}\\ b_{21} & b_{22} & \cdots & b_{2p}\\ \cdots & \cdots & \cdots & \cdots\\ b_{m1} & b_{m2} & \cdots & b_{mp} \end{bmatrix}$,则上式可写成矩阵形式为 $\boldsymbol{A}=\boldsymbol{RB}'$,

或 $\boldsymbol{B}=\boldsymbol{A}'\boldsymbol{R}^{-1}$,于是

$$
\hat{\boldsymbol{F}}=\begin{bmatrix} \hat{F}_1\\ \vdots\\ \hat{F}_m \end{bmatrix}=\begin{bmatrix} b_1'\boldsymbol{X}\\ \vdots\\ b_m'\boldsymbol{X} \end{bmatrix}=\boldsymbol{BX}=\boldsymbol{A}'\boldsymbol{R}^{-1}\boldsymbol{X}
$$

即得因子得分的估算公式 $\hat{F} = A'R^{-1}X$，其中 R 是 X 的相关系数矩阵。

第二节 江苏省城乡统筹值的测定

一、数据的选取

本文数据取自《江苏省统计年鉴》(1990—2011)、《苏州统计年鉴》(1990—2011)、《常州统计年鉴》(1990—2011)、《无锡统计年鉴》(1990—2011)、《南京统计年鉴》(1990—2011)、《镇江统计年鉴》(1990—2011)、《泰州统计年鉴》(1990—2011)、《扬州统计年鉴》(1990—2011)、《南通统计年鉴》(1990—2011)、《盐城统计年鉴》(1990—2011)、《连云港统计年鉴》(1990—2011)、《宿迁统计年鉴》(1990—2011)、《徐州统计年鉴》(1990—2011)、《淮安统计年鉴》(1990—2011)，以及省市的统计公报、《江苏省教育统计年鉴》、《江苏省教育经费统计年鉴》、《江苏省卫生统计年鉴》、江苏省卫生事业发展情况统计公报。

二、标准化处理

由于原始的数据间量纲存在不同，需对原始数据进行标准化处理。数据标准化处理公式为：

$$x_{im} = \frac{x_{im} - \overline{x}_m}{S_m} (i = 1, 2 \cdots, n; m = 1, 2 \cdots, p)$$

其中，$\overline{x}_m = \dfrac{1}{n} \sum_{i=1}^{n} x_{im}$，$S_m^2 = \dfrac{1}{n-1} \sum_{i=1}^{n} (x_{im} - \overline{x}_m)^2$

经标准化处理后，指标的均值为 0，方差为 1，相关矩阵和协方差矩阵相同。

三、城乡统筹值的计算

利用 SPSS 软件对江苏省统计数据进行因子分析，首先计算各成份的贡献率,将标准化处理后的数据进行因子分析,计算贡献率。以主成分的特征根为 1 提取主成分,提取三个主成分,第一主成分的贡献率为 44.478%,第二主成分的贡献率为 24.99%,第三主成分的贡献率为 20.341%,三者的贡献率之和为 89.809%。前三个变量已经涵盖了大部分信息,因此提取前三个成分作为城乡统筹测度的主成分。

然后利用线性加权法计算各子系统值,F_j 表示各成分(经济、社会、空间)的得分值,p_{ij} 表示第 j 成分第 i 指标的权重,q_{ij} 表示第 j 成分中标准化后的第 i 指标值,计算公式为:

$$F_j = \sum_{i=1}^{n} p_{ij} q_{ij}, j = 1,2,3; i = 1,2,\cdots,11$$

根据旋转因子得分系数以及原始变量的标准化值可以计算各因子的得分值,因子得分代表了城乡统筹在某个主成分的得分情况。

最后计算综合值,为清晰地度量城乡统筹值这一综合指标,对各成分统筹值先进行标准化处理,然后再进行加权处理。BF_i 表示各成分得分值标准化后的值,W_i 表示各成分的权重,F_{mj} 表示第 j 成分中的第 m 个指标,F 表示江苏省城乡统筹综合值,计算公式为:

$$F = \sum_{j=1}^{n} BF_j * W_j, j = 1,2,3$$

$$BF_j = \frac{F_{mj} - \min(F_{mj})}{\max(F_{mj}) - \min(F_{mj})}, j = 1,2,3; m = 1,2,\cdots,21$$

计算结果如图 6-1 所示。

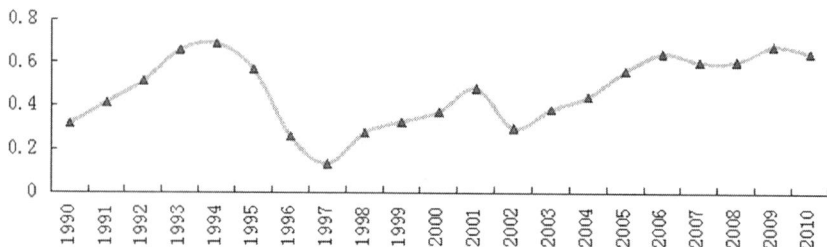

图 6-1　1990—2010 年江苏省城乡统筹值

由图 6-1 可以看出,1990—2010 年间江苏省统筹城乡发展取得一定的成就,城乡统筹值呈波动性上升趋势,城乡关系逐步得到改善,城乡二元结构逐渐得到弱化,城乡统筹发展水平逐步提升。通过计算江苏省 1990—2010 年的城乡统筹值可以把握近 20 年的城乡发展态势,概括来讲,其城乡发展经历了以下几个阶段:

(1) 1990—1994 年:城乡缓和阶段,20 世纪 80 年代中后期,我国改革重点由农村向城市转移,过去的城乡分割政策被积极推动小城镇建设所取代,城镇化工程开始起步,同时国有企业改革以及非公有制经济的发展,促进了城乡经济的快速发展,工业增加值从 1990 年的 634.13 亿元,增长为 1994 年的2467.63 亿元,增长了 289.14%;地区生产总值由 1416.5 亿元增长为 4057.39 亿元,人均地区生产总值由 2109 元增长为 5801 元,城镇居民的人均可支配收入从 1463.79 元增长为 4634 元,年均增长率为 25.92%;农村居民的人均纯收入由 883.77 元增长为 2457 元,年均增长率为 22.69%。加大农业、科教文卫支出,1990 年农业的财政支出为 5.47 亿元,占财政总支出的比值为 5.52%;1993 年的财政支农支出增长为 13.83 亿元,占财政总支出的 8.43%;1994 年财政支农支出为 10.52 亿元,财政支农的增加以及农业生产率的提高,导致农业总产值从 362.46 亿元增长为 777.94 亿元,增长了 114.63%;科教文卫支出从 1990 年的 29.65 亿元,增长为 1994 年的 82.69 亿元,占财政总支出的比值相应的从 29%增长为 32.62%。城乡二元结构逐步得到缓解,城乡二元反差系数 1990 年为 0.3148,1991 年增长为 0.3475,至 1994 年降低为 0.32。

(2) 1995—1998 年:城乡矛盾加剧阶段。江苏 1995 年用于农业的财政支出为 20.2 亿元,1998 年增长为 30.78 亿元,增长了 52.38%,财政支农支出虽然总量上增加,但是占财政支出的比值却呈下降趋势,1995 年财政支农的占比为 7.97%,1998 年降低为 7.24%,说明财政支农的增长比率低于财政支出的增长比率。农村居民的人均纯收入从 2475 元增长为 3377 元,年均增长率8.08%;城镇居民的人均可支配收入从 4634 元增长为 6018 元,年均增长率6.75%;农村居民的人均纯收入年均增长率高于城镇居民的人均可支配收入的年均增长率,但由于农村居民的人均收入的基数小,1995—1998年间城乡居民的收入差额仍呈扩张趋势,1995年城乡居民的收入差额为2177元,1998年增长为2641元,增长了21.31%。

(3) 1999至今:城乡融合发展阶段。20世纪90年代中后期,江苏正式提出城市化战略,2003年又提出:"优先发展大中城市、重点发展县城和重点中心镇,加速城市化和城市现代化建设,遵循工业向园区集中、人口向城镇集中、居住向社区集中的"三集中"发展思路,改变了过去小城镇分散化发展为主导的发展道路,扩大了城市发展空间,增强了县城和重点中心镇的集聚功能,降低了农民进城门槛,加强了城乡间的联系,促进了城乡要素的合理流动以及农村劳动力的合理转移。2004年中央一号文件的颁布标志着我国进入"以工促农、以城带乡"的阶段,由于农业税的取消,农业发展进入了新时期。党的十六大明确提出要统筹城乡经济社会发展,建设现代农业,发展农村经济,增加农民收入,十六届三中全会也提出"五个统筹",并把统筹城乡发展作为五个统筹之首。伴随着国家政策的有效实施,江苏城乡得到了较快发展,其农业总产值由2011.48亿元增长为4297.14亿元,工业总产值由8915.44亿元增长为92056.48亿元,二元反差系数由0.2999降低为0.1617,二元劳动生产率对比系数由0.2025增长为0.2276,城乡二元结构逐步得到缓解,江苏省城乡进入融合发展阶段。1999年以来,江苏省加大对农业的投资力度,财政支农的比重不断上升,财政支农占比由6.6%增长为9.95%;科教文卫支出由154.35亿元增长为1354.07亿元。同时金融机构对农业和乡镇企业的贷款逐渐增加,农业的贷款由1999年的224.99亿元增长为2009年的1391.56亿元,年均增长率为18.02%;乡镇企业的贷款由609.03亿元增长为1898.56亿元,年均增长率为12.04%。农业、科教文卫财政支出的增加以及金融机构对农业贷款、乡镇企业贷款的增加促进了农业、乡镇企业的发展,提高了农民收入,提升了社会生活质量,提高了教育、医疗、交通等社会保障水平,缩小了城乡差距,城镇居民的人均可支配收入由6538元增长为22944元,增长为250.93%;农村居民的人均纯收入由3495元增长为 9118 元,增长了 160.89%。

第三节 江苏省三大区域城乡统筹值的测定

苏南、苏中、苏北是江苏梯度差异明显的三个经济区域,苏南是江苏经济的重要支柱,也是苏中、苏北接受辐射和拉动的重要源头。苏南地区位于"长三角经济区"中心区域。与核心城市上海接壤;苏中地区位于次中心区域,沿长江下游北岸排列,与苏南和上海隔江相望;苏北地区位于其边缘和辐射区域,距上海相对较远,受经济中心的吸引和辐射作用较弱。上章已介绍经济因素是导致江苏省统筹城乡发展的主要因素,从空间角度上看江苏省经济发展差异的主因是三大区域间的发展差异。因此,为促进江苏省城乡协调发展,缩小城乡差距,破除城乡二元结构,分析研究三大区域的统筹城乡发展情况非常有必要。本章通过分析江苏省三大区域统筹城乡发展态势,找寻影响统筹城乡发展的因素,消除影响,发挥优势,以促进区域共同协调发展。

一、江苏省三大区域概述

(一)苏南区域概述

苏南即江苏省南部地区,按照现在江苏省通行的行政区域划分,苏南地区包括江苏的南京、苏州、无锡、常州、镇江五市。苏南地处中国东南沿海长江三角洲中心地段,东靠上海,西连安徽,南接浙江,东北依长江(苏中,苏北),占地面积 2.79 万平方公里,总人口 2368.14 万人。

苏南地区历来是鱼米之乡,近几十年来,得益于市场体制改革,大力发展乡镇企业,抢抓开放型经济的发展机遇,开发高新技术产业,苏南是我国经济最发达的地区之一,是江苏省经济最发达地区,2010 年地区生产总值为 25185 亿元,其中第一产业地区生产总值为 584.33 亿元,第二产业地区生产总值为 13594.77 亿元,第三产业地区生产总值为 11006.28 亿元,人均地区生产总值为 106570 元。2010 年苏南地区财政总收入为 7413.56 亿元,地方财政一般预算支出为 2297.04 亿元,其中教育支出为 349.54 亿元,占总支出的比重为 15.2%;社会保障和就业支出为 178.35 亿元,占总支出的比重为 7.8%;医疗卫生支出为 110.74 亿元,占总支出的比重为 4.8%;城乡社会事务支出为 397.24 亿元,占总支出的比重为 17.3%;农林水事务支出为 157 亿元,占总支出的比重为 6.8%;金融机构实现贷款 31253.6 亿元,存款 41518.6 亿元。2010 年苏南地区城镇居民人均可支配收入 27780 元,人均消费支出 17378 元,其中食品支出 6175 元,恩格尔系数为 35.5%,人均住房建筑面积 34.3 平方米;农村居民的人均纯收入 12978 元,人均生活费支出 9499 元,其中食品支出 3363 元,恩格尔系数为 35.4%,人均住房面积 58.3 平方米;城乡居民的人均收入比为 2.14,人均支出比为 1.83。

苏南地区区位优势明显,交通发达,尤其是太湖平原,航道密集,以长江和京杭大运河为主干,是中国内河航运较为发大的地区。1990 年后,江苏省建成高速公路网,高速公路的密度居全国第一。2010 年苏南地区的公路里程为 45957 公里,其中等级公路 44759 公里,高速公路 1616 公里,一级公路 4643 公里,公路客运量 120320 万人,货运量 62679 万吨。

(二)苏中区域概述

苏中即江苏省中部地区,按照现在江苏省通行的行政区域划分,苏中地区包括南通、泰州、扬州 3 个省辖市,共 20 个县(市、区)。苏中三市都在长江沿岸,属于长江三角洲中心城市,同时也是上海都市圈的重要组成部分,占地 5.44 万平方公里,总人口 3371.76 万人。

苏中地区受上海、苏南等地区的辐射,发展较为迅速,是江苏省经济较发达地区,2010 年苏中地区实现地区生产总值为 7743.88 亿元,其中第一产业地区生产总值为 579.24 亿元,第二产业地区生产总值为 4263.75 亿元,第三产业地区生产总值为 2900.88 亿元,人均地区生产总值为 44865 元。2010 年苏中地区财政总收入为 1556.06 亿元,地方财政一般预算支出为 734.15 亿元,其中教育支出为 140 亿元,占总支出的比重为 19.07%;社会保障和就业支出为 61.05 亿元,占总支出的比重为 8.38%;医疗卫生支出为 40.08 亿元,占总支出的比重为

5.46％；城乡社会事务支出为 81.68 亿元，占总支出的比重为11.13％；农林水事务支出为 83.56 亿元，占总支出的比重为 11.38％；金融机构实现贷款 9608.72 亿元，存款 5789.88 亿元。2010 年苏中地区城镇居民人均可支配收入 20748 元，人均消费支出 12988 元，恩格尔系数为36.3％，人均住房建筑面积 37.1 平方米；农村居民的人均纯收入 9626元，人均生活费支出 6898 元，恩格尔系数为 36.1％，人均住房面积 49.6平方米；城乡居民的人均收入比为 2.16，人均支出比为 1.88。

苏中地区交通便捷，水陆交通发达。至 2010 年底，苏中基本形成包括京沪高速公路、宁靖盐高速公路、沿海高速公路、宁连高速公路等在内的高速公路网；航运方面有南通兴东机场、扬州泰州机场；目前建成的跨江大桥有江阴长江大桥（连接泰州靖江和无锡江阴）、润扬长江大桥（连接扬州和镇江）、苏通长江大桥（连接南通和苏州常熟）、崇启长江大桥（连接南通启东和上海崇明），正在建设或者即将建设的跨江大桥有泰州长江大桥（连接泰州和镇江、常州）、沪通铁路过江公铁两用桥（连接南通和苏州张家港）。

（三）苏北区域概述

苏北即江苏省北部地区，按江苏省通行的行政区域划分，苏北地区包括徐州、连云港、宿迁、淮安、盐城五个省辖市，共 40 个县（市、区）。苏北地区东临黄海，与日本、韩国隔海相望，位于以上海为龙头的长江三角洲地区，是全国沿海经济带的重要组成部分。苏北地区占地54358 平方公里，总人口 3371.76 万人。

苏北地区在发展水平、综合实力等各方面与苏南、苏中地区有一定的差距，为加快苏北地区的发展，缩小苏北地区与苏南、苏中地区的差距，江苏省委、省政府高度重视苏北地区的发展，出台了一系列扶持苏北地区发展的政策措施，这些政策措施在增加苏北地区的基础设施投入、扶持产业发展、加快科教发展、促进苏南、苏北合作方面发挥了重要作用。近年来，苏北地区发展速度明显提升，经济基础显著增强，工业经济增幅较大，第三产业迅猛发展。2010 年苏北地区实现地区生产总值 8920.37 亿元，其中第一产业地区生产总值为1222.69亿元，第二产业地区生产总值为 4258.78 亿元,第三产业地区生产总值为 3438.9 亿元,人均地区生产总值为 26600 元。2010 年苏北地区财政总收入为 2149.54 亿元,地方财政一般预算支出为 1194.38 亿元,其中教育支出为 217.87 亿元,占总支出的比重为 18.23%;社会保障和就业支出为 118.45 亿元,占总支出的比重为 9.91%;医疗卫生支出为 72.06 亿元,占总支出的比重为6.03%;城乡社会事务支出为 144.32 亿元,占总支出的比重为 12.12%;农林水事务支出为 164.32 亿元,占总支出的比重为 13.75%;金融机构实现贷款 5077.56 亿元,存款 7856.81 亿元。2010 年苏北地区城镇居民人均可支配收入 16020 元,人均消费支出 10661 元,恩格尔系数为 36.1%,人均住房建筑面积 34.1 平方米;农村居民的人均纯收入 7724 元,人均生活费支出 5023 元,恩格尔系数为 39%,人均住房面积 37.9 平方米;城乡居民的人均收入比为 2.07,人均支出比为 2.12。

近年来,苏北地区交通状况得到根本性改善,区位优势更加凸显,拥有陇海铁路、京沪铁路、新长铁路等组成的四通八达的铁路网;京沪、宁连、宁宿徐、宁靖盐、沿海、同三(起点黑龙江省同江市,终点海南省三亚市)、宿淮盐、连徐、盐徐等高速公路贯穿苏北地区,由一二级公路组成的高等级公路网覆盖整个苏北,形成了便捷的陆路运输通道;徐州观音机场、连云港白塔埠机场、盐城南洋机场、淮安涟水机场是苏北地区的空中门户,也是长江三角洲北翼的重要物流空港和对外开放的窗口。

二、江苏省三大区域的城乡统筹值测定

运用相同的方法,计算江苏省苏南、苏中、苏北三大区域 1990 年、1995 年、2000 年、2005 年、2010 年的城乡统筹值,如图 6-2 所示。

从图 6-2 可以看出,江苏省苏南、苏中、苏北三大区域城乡统筹水平整体上呈上升趋势,苏北地区统筹城乡发展水平一直是最低的,2000 年以前苏中地区统筹城乡发展水平高于苏南地区,究其原因可能是苏南地区发展得益于小城镇、乡镇企业的发展,率先进入农村工业化,但

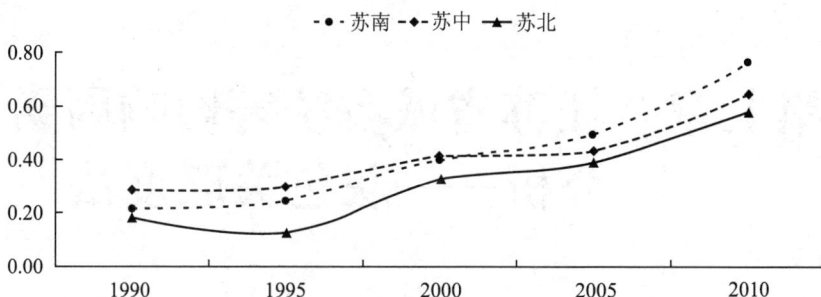

图 6－2　1990—2010 年江苏省三大区域城乡统筹值

是在发展的过程中,苏南模式的弊端逐渐凸显,工业产业布局雷同、生产能力盲目扩大、产权制度改革导致乡镇企业公有制的衰落问题抑制了苏南地区的经济社会空间发展,制约了统筹城乡发展水平;苏中地区在发展经济的同时注重民生建设、空间布局,统筹城乡发展水平一度高于苏南;2000 年后,苏南模式成功转型,工业化和城市化并举推进,全面深化改革,充分发挥区位、产业、科技及人才的优势,形成扩散能力和聚合能力较强的商流、物流、资金流、技术流、人才流、信息流的交汇中心,促进经济快速、高效、持续的发展,大力推进产业结构的优化升级,加快发展新兴产业,推进农村工业化及城镇化进程,统筹城乡发展水平逐步提高,并高于苏中地区。近年来,江苏省实施区域协调发展战略,大力推进产业、财政、科技、劳动力的转移,形成了苏南提升、苏中崛起、苏北振兴的区域共同发展新格局,一方面为苏中和苏北地区承接先进技术及产业转移创造优良条件,提升苏中及苏北地区工业化水平,推动了经济增长;另一方面为苏南地区产业升级腾出了空间。区域协调发展战略的实施稳定了江苏发展大局,促进了区域协调发展,提升了统筹城乡发展水平。

第七章　江苏省城乡统筹影响因素分析——灰色关联度法

第一节　灰色关联理论与方法概述

一、灰色关联理论

灰色关联分析法最先由邓聚龙提出,其基本思想是根据各因素的数据序列,研究数据序列曲线几何形状的相似度,几何形状代表的发展趋势越相近,则因素的关联程度越高。灰色关联分析法适用于分析系统的影响因素,根据关联度对影响因素进行排序,找出主要影响因素和次要影响因素。

设有 m 个时间序列 $X_i(k)(k=1,2,\cdots,n)$,n 为序列的长度,也就是数据的个数,m 个时间序列称为子序列,$X_0(k)$ 称为母序列。

1. 原始数据变换

由于各因素的量纲不一定相同,需对原始数据消除量纲处理,转换成可以标化的数据序列。原始数据的变换有以下几种常用的方法:

初值化变换,用各序列的第一个数依次除后面的原始数据,得到的新序列即为初始值序列,特征是量纲为 1,各个值均大于 0,而且各个值有共同的起点,计算公式为: $f(x(k))=\dfrac{x(k)}{x(1)}=y(k),x(1)\neq 0$

均值化变换,首先求出各序列的平均值,再用平均值除对应数列的原始值,所得新序列即为均值化序列,特征是量纲为 1,值大于 0,而且大部分接近于 1,计算公式为: $f(x(k))=\dfrac{x(k)}{\bar{x}}=y(k),\bar{x}=$

$$\frac{1}{n}\sum_{k=1}^{n}x(k)$$

一般情况下,对于稳定的经济社会系统数列作动态的序列关联度分析时,多用初值化变换;若只是对原始数列作数值间的关联比较,可以利用均值化变换。

2. 计算关联系数

计算关联系数首先要进行求差序列的计算,$\Delta_{0i}(k)=\mid X_0(k)-X_i(k)\mid$,$\Delta_{0i}(k)$ 表示 k 时刻两个数列的绝对差;然后求两数列的绝对差的最大值和最小值,$M=\max_i\max_k\Delta_{oi}(k)$,$m=\min_i\min_k\Delta_{oi}(k)$,$M$ 和 m 分别表示数列各时刻绝对差的最大值和最小值,因比较数列相交,故 m 一般取 0。最后根据数列的绝对差以及绝对差的最大值、最小值计算关联系数,$\gamma_{0i}(k)=\dfrac{m+\xi M}{\Delta_i(k)+\xi M}$,$\xi\in(0,1)$,$k=1,2,\cdots,n$;$i=1,2,\cdots,m$,关联系数反映某一时刻两被比较数列之间紧密程度。

3. 计算关联度

两序列的关联度以两序列各时刻的关联系数平均值计算,以反映总体上的关联程度,$\gamma_{0i}=\dfrac{1}{n}\sum_{k=1}^{n}\gamma_{0i}(k)$;$i=1,2,\cdots,m$。

4. 排关联序,确定各因素对系统的影响程度

一般情况下,因素的关联度越大,表明该因素对系统的影响程度越大,则该因素可被认为是影响系统的主要因素。

二、灰色关联实证分析

采用灰色关联度法,运用 DPS 数据处理软件,结合江苏省 1990—2010 年的经济、社会、空间系统数据以及城乡统筹值对江苏省统筹城乡协调发展的影响因素进行分析,影响城乡统筹协调发展因素的灰色关联分析结果如下表所示:

表7-1 统筹城乡发展影响因素灰色关系分析结果

	经济	社会	空间
灰色关联度	0.7753	0.6769	0.6236
排序	1	2	3

根据以上分析可以看出,江苏省二十年的城乡统筹发展过程中,经济发展水平是其主要影响因素,是城乡统筹协调发展的基础,城乡间经济发展水平高、经济联系越密切,城乡间互动发展就越好,城乡统筹程度就越高。城市因具有先进的生产技术、更高的生产效率、快速的财富创造效应,所以城市经济发展显著高于农村地区,城乡间经济发展存在差异。因此,应优化调整三次产业结构,提高农业劳动生产率,加大财政支农政策,促进城乡间的经济技术联系,促进城乡间资源要素的合理流动,消除城乡间经济发展隔阂,充分发展城镇经济的辐射带动作用以及农村经济的支撑作用,促进农村地区快速发展,提高农村收入,缩小城乡经济差距,促进城乡协调发展。社会发展是影响城乡统筹发展的第二大因素,社会因素受制于经济因素,经济发展水平越高,消费水平就越高,消费结构越合理,基础设施越完善,社会保障水平越高。农村地区发展主要依赖于土地资源,因缺乏发展资金,社会事业发展水平低。影响城乡统筹发展的第三大因素是空间因素。

第二节　江苏省城乡统筹发展的经济因素分析

农村是农业、手工业的载体,城市是工业和商业的载体。非农人口聚集在城镇,从事非农业生产活动为主的工商业,经济及产业结构以二、三产业为主;农村地区因拥有自然资源、土地资源的优势,以从事农业生产为主,经济及产业结构以第一产业为主。农业是以自然再生产为基础的经济再生产,农业生产遵循生物规律,受自然的约束,农业的年增长率为2%—3%,能有5%—6%的增长率就是高增长了。[1] 而工

---

[1] 党双忍:《制度并轨与城乡统筹》,中国环境科学出版社2011年版。

商业则可通过技术创新、加班加点达到10％、20％甚至更高的增长率，工商业具有"快速创造财富的机制"。高增长的领域，就会吸引资本、劳动力、技术、信息等生产要素向该领域流动。人口聚集在城市会刺激生产，促进消费，企业集聚可以促进信息交换、加快技术进步，降低组织成本、节约交易费用，提高基础设施和整体经济活动效率。城市在资金、技术、信息、管理等各方面均优于农村地区，城市经济发展因具有先进的生产技术、较高的生产效率、较快的发展速度，所以城市经济发展显著优于农村地区，导致城乡经济发展差异，这种差异不仅体现在发展水平上还体现在发展速度上。

下面从要素、二元结构及区域的角度进行具体分析：

一、城乡经济发展差异的成因——要素的角度

城镇和乡村的结构及功能差异决定了城乡间资源要素要不断流动，城镇的资金、先进技术及管理理念、信息等要素要不断流向农村，农村又要源源不断的向城镇提供工业生产的原材料、居民消费的农产品、富余劳动力等，只有城乡间资源要素不断的合理流动，才能促进城乡间资源要素的优化配置，提高资源要素的利用效率，进而促进城乡经济快速稳定、健康发展。城乡间资源要素的流动决定了城乡结构是否合理、功能是否强大，但由于资源要素的逐利性，资源要素的流动往往受经济利益的支配，向经济利益高的地区流动，该地区的产业、企业因此会发展得更快。

1. 资金的流动

资金具有逐利性，而城镇因具有先进的生产技术和管理理念、更高的生产效率、畅通的信息渠道、完善的基础设施等明显优于农村的优势，因此资金总是流向经济效益高的城镇。金融机构从农村吸收存款多，而农村及乡镇企业贷款难度大，资金不足，抑制了农村及乡镇企业的发展，城乡差别的金融政策导致了农村发展资金的缺乏。

表7-2　2000—2009年江苏省农业贷款及乡镇企业贷款情况　（单位：亿元）

	2000	2002	2003	2004	2005	2006	2007	2008	2009
农业贷款	232.5	368.4	494	574.6	672.6	745.9	846.9	1009.7	1391.5
占比	3.90%	4.47%	4.37%	4.26%	4.37%	4.04%	3.83%	3.86%	3.94%
乡镇企业贷款	621.0	792.4	1014	1129.0	1254.1	1160.3	1437.6	1596.7	1898.6
占比	10.41%	9.62%	8.98%	8.37%	8.15%	6.28%	6.51%	6.10%	5.38%

资料来源：根据统计年鉴及计算所得。

资金的流动性一方面表现为农村、乡镇企业贷款的难度大，贷款额度少，贷款额所占比重小。2000—2009年间，无论是农业还是乡镇企业贷款额均呈现增长趋势，但贷款额占总的贷款额的比重并没有呈现明显的上升趋势，特别是乡镇企业贷款占比却呈下降趋势，说明乡镇企业贷款额的增长率低于金融部门总的贷款额的增长率。2000年农业贷款额为232.5亿元，2009年增长为1391.5亿元，年均增长率为22%；2000年乡镇企业的贷款额为621亿元，2009年增长为1898.6亿元，年均增长率为13.22%，农业贷款额以及乡镇企业贷款额的偏少，使得农业发展、乡镇企业发展缺乏资金，不能购买先进的生产设备，提高生产效率，农业生产的低效率、乡镇企业发展的滞后，抑制了农民收入的提高，扩大了城乡间居民的收入差距。

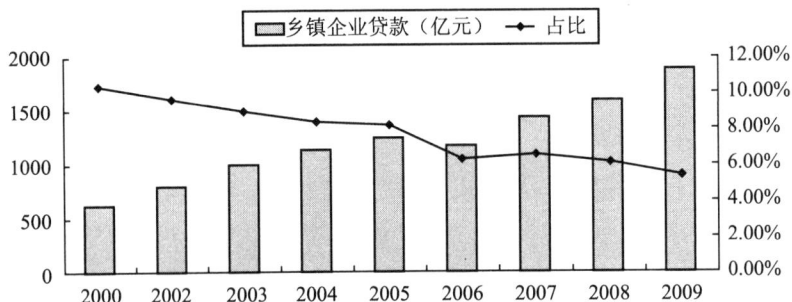

图7-1　2000—2009年江苏省乡镇企业贷款状况图

资金流动另一方面还表现在三次产业的投资上。从表7-3可以看出，1990—2010年间三次产业的投资额呈现明显的上升趋势，第一产业

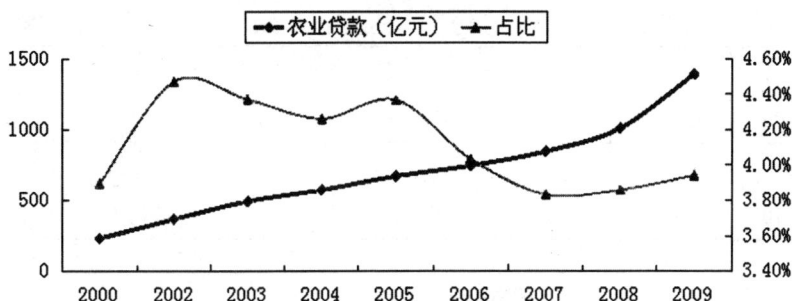

图 7-2 2000—2009 年江苏省农业贷款状况

的投资额从 3.31 亿元增长为 221.91 亿元,年均增长率为 23.4%;第二产业的投资额从 92.95 亿元增长为 12463.58 亿元,年均增长率为 27.75%;第三产业的投资额从 59.39 亿元增长为 10498.78 亿元,年均增长率29.53%。从投资额占比上看,第一产业的投资额比重呈下降趋势,1990年第一产业投资额占比为 2.13%,2000 年增长为 3.88%,随后降低为2010 年的 0.96%;第二产业的投资额占比呈波动性下降趋势,但下降幅度小于第一产业,1990 年第二产业投资额占比为 59.72%,2010 年降低为 53.76%;第三产业的投资额占比呈增长趋势,1990 年第三产业的投资额占比为 38.16%,2000 年增长为 50.77%,随后呈下降趋势,2010 年降低为 45.28%,但总的趋势是上升的。从中可以看出,第一产业的投资额相对第二、三产业较低,第一产业因为资金的缺乏而无法提高生产率,抑制了第一产业的发展,扩大了与第二、三产业的差距,由于农村居民的收入来源主要是家庭经营性收入,农业的发展滞后使得农民的收入少于城镇居民,使得城乡居民的收入差距进一步增大。

表 7-3 1990—2010 年江苏省三大产业投资额情况(单位:亿元,%)

	第一产业		第二产业		第三产业	
	投资额	投资比重	投资额	投资比重	投资额	投资比重
1990	3.31	2.13	92.95	59.72	59.39	38.16
1995	40.94	2.44	819.54	48.78	819.69	48.79
2000	116.2	3.88	1358.56	45.35	1520.67	50.77

	第一产业		第二产业		第三产业	
2005	45.42	0.52	4872.12	55.75	3822.17	43.73
2009	177.14	0.93	10304.6	54.38	8468.14	44.69
2010	221.91	0.96	12463.58	53.76	10498.78	45.28

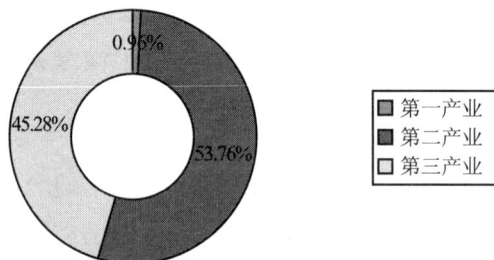

图 7-3　2010 年江苏省三大产业投资占比图

2. 劳动力要素

劳动力同资金一样,也是流向经济效益高的地区、企业、产业,由于城市优越的生活条件、较多的就业机会、高质量的教育培训,再加上农业生产率程度的不断提高,越来越多的剩余劳动力向城镇和非农部门转移。在户籍制度的约束下,劳动力的流动并没有使国民收入的分配格局发生根本改变。城乡收入差距表面上看是因为劳动力在农业部门的收入低于城镇的非农业部门的收入,而农村的非农部门缺乏,不能提供给农民更多的更深层次的就业机会导致的。其实,城乡收入差距存在的更深层次原因是城乡间收入分配格局的异常,也就是城乡间劳动力的配置以及 GDP 分配的不对称。比较劳动生产率是指一部门产值的比重与该部门就业的劳动力比重的比率,表示该部门 1% 的劳动力所创造的产值占整个国民总产值的比重。假如三次产业间有比较均衡的发展关系,且劳动力流动具有改善国民收入的分配格局的倾向,那么它们的比较劳动生产率应接近于 1。从图 7-4 可以看出,2000—2010 年间江苏省三次产业比较劳动生产率只有第三产业相对接近 1,第一产业的比较劳动生产率是三次产业中最低的,2000—2010

年间其值在 0.3 左右波动,2000 年为 0.29,2010 年为 0.27;第二产业的比较劳动生产率是三次产业中最高的,2005 年以前劳动生产率均在 1.5 以上,2006 年以后,其值逐渐变小,2010 年为 1.25,但仍高于第三产业的比较劳动生产率;第三产业的比较劳动生产率高于第一产业低于第二产业,2003 年以前劳动生产率在 1.2 以上,2004 年以后减少到 1.2 以下,2010 年的劳动生产率为 1.16,表明三次产业发展不均衡,产业结构不合理,导致劳动力流动不合理。

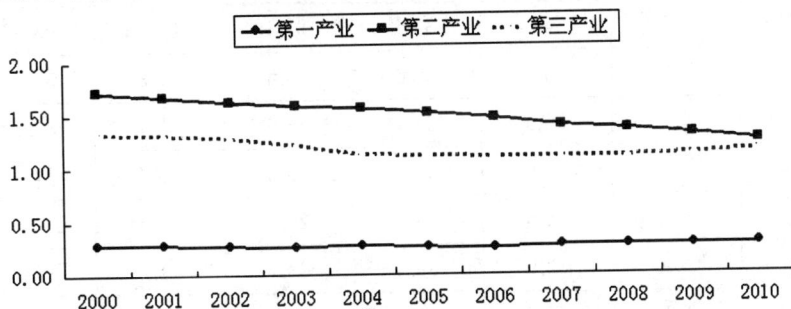

图 7 - 4　2000—2010 年江苏省三次产业比较劳动生产率变化图

　　从表 7 - 4 可以看出,第一产业产值占 GDP 的比重较低,且呈逐年下降的趋势,而就业比重较高。2000 年第一产业产值占 GDP 的比重仅为 12.2%,而从业人员却占总从业人员的 42.8%,可见第一产业的劳动生产率非常低,农业生产的机械化程度低,也可以看出产业结构的不合理。根据库茨涅茨、钱纳里等人的就业结构与经济发展阶段相关模型,人均 GDP 达 3000 美元时,三次产业的就业结构为 8.3%:40.1%:51.6%,江苏人均 GDP4800 美元,就业比重为 22.3%:42%:35.7%,表现为第一产业劳动力比重大,第三产业的劳动路比重小,没有充分发挥吸纳劳动力的功能,表明了第一产业劳动生产率低,第三产业发展滞后。劳动力就业结构的不合理在一定程度上是由于三次产业结构的不合理引起的。由此可见,三次产业结构的不合理,影响了劳动力的流动和优化配置,使得劳动力的就业结构和产业结构存在一定的偏差,导致城乡居民间收入水平的差异。

表7-4 **2000—2010年江苏省三大产业产值占GDP比重和从业人员占比状况**

年份	产值占GDP的比重(%)			从业人员占比		
	第一产业	第二产业	第三产业	第一产业	第二产业	第三产业
2000	12.2	51.9	35.9	42.8	30.2	27
2001	11.6	51.9	36.5	41.3	31.0	27.7
2002	10.5	52.8	36.7	39.0	32.5	28.5
2003	9.3	54.6	36.1	35.9	34.4	29.7
2004	9.1	56.3	34.6	33.2	36.0	30.8
2005	7.9	56.6	35.6	30.9	37.2	31.9
2006	7.1	56.5	36.4	28.6	38.4	33.0
2007	7	55.6	37.4	26.3	39.7	34.0
2008	6.8	54.8	38.4	25.1	40.2	34.7
2009	6.5	53.9	39.6	23.7	41.1	35.2
2010	6.1	52.5	41.4	22.3	42.0	35.7

二、城乡经济发展差异的成因——二元结构的角度

衡量城乡二元结构的主要指标有部门比较劳动生产率、二元劳动生产率对比系数及二元反差系数。

1. 城乡劳动生产率差异的衡量：比较劳动生产率与二元劳动生产率对比系数

按照国际上对三大产业的划分标准，用第一产业作为传统农业的替代、二三产业作为现代非农业的替代研究城乡二元结构，以传统农业和现代非农业部门的劳动生产率考量城乡间的生产率差异。比较劳动生产率是某一部门产值比重与劳动力就业比重间的比率，它表示1%的劳动力所创造的产值比重。计算公式为：

$$P_A = \frac{G_A/G}{L_A/L} \; ; \; P_M = \frac{G_M/G}{L_M/L}$$

P_A 为农业劳动生产率，P_M 为非农业部门劳动生产率，G 为总产值，L 为劳动力总数，G_A 为农业部门产值，G_M 非农业部门产值，L_A 为农

业部门劳动力人数，L_M为非农业部门劳动力人数。

某一部门的劳动生产率越高，表明该部门产值与劳动力比值越大。一般情况下，农业部门比较劳动生产率小于1，非农业部门比较劳动生产率大于1，表明同等数量的劳动力在非农业部门创造的产值大于农业部门创造的产值。农业部门与非农业部门间比较劳动生产率差距越大，表明城乡间的二元性越强。当经济结构二元性处于加剧阶段时，农业部门比较劳动生产率逐渐减小，非农业部门比较劳动生产率逐渐增大，当两部门的比较劳动生产率分别达到最高点后，农业部门比较劳动生产率逐渐升高并趋于1，非农业部门比较劳动生产率逐渐降低也趋于1。因此，农业部门比较劳动生产率的变动轨迹呈现"U型"特征，非农业部门比较劳动生产率的变动轨迹呈现"倒U型"特征[①]，如图7-5所示。

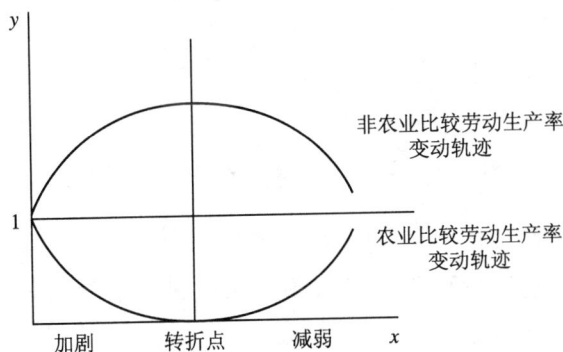

图7-5　比较劳动生产率变动轨迹图

2. 二元劳动生产率对比系数

二元劳动生产率对比系数是农业部门与非农业部门间的劳动生产率之比，公式表示为：

$$P = \frac{P_A}{P_M}$$

---

① 转引自夏耕《中国城乡二元经济结构转换研究——要素流动、制度变迁、市场机制与政府作用》，北京大学出版社2005年版，第80页。

P 表示二元劳动生产率对比系数，P 理论值处于0—1之间，当 $P=$ 0时，表明农业部门的劳动生产率为0，城乡间二元结构显著；当 $P=1$ 时，表明农业部门与非农业部门的劳动生产率相等，城乡间二元性消失，成为一元经济。发展中国家的二元生产率对比系数通常为0.31—0.45，发达国家一般为0.52—0.86。[1] 二元劳动生产率对比系数与经济二元结构成反比，系数越大，农业部门与非农业部门的差距越小，经济二元结构越弱；相反，系数越小，农业部门与非农业部门的差距越大，经济二元结构较大，二元生产率对比系数的变动在总体上呈现出"U型"特征，如图 7-6 所示。

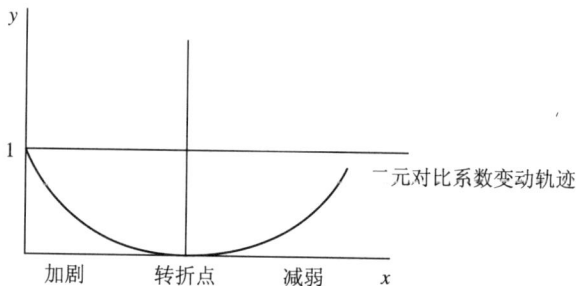

图 7-6 二元生产率对比系数变动轨迹图

3. 二元经济结构的综合测度：二元反差系数

二元反差系数是农业产值及非农业产值比重与其劳动力比重差异的绝对值的平均值。

$$B = \frac{1}{2} * \left(\left| \frac{G_A}{G} - \frac{L_A}{L} \right| + \left| \frac{G_M}{G} - \frac{L_M}{L} \right| \right)$$

$$G = G_A + G_M, L = L_A + L_M \quad \therefore G_M = G - G_A, L_M = L - L_A$$

$$\therefore B = \frac{1}{2} * \left(\left| \frac{G_A}{G} - \frac{L_A}{L} \right| + \left| \frac{G - G_A}{G} - \frac{L - L_A}{L} \right| \right)$$

$$= \frac{1}{2} * \left(\left| \frac{G_A}{G} - \frac{L_A}{L} \right| + \left| \frac{L_A}{L} - \frac{G_A}{G} \right| \right) = \left| \frac{G_A}{G} - \frac{L_A}{L} \right|$$

---

[1] 转引自王霞《新疆经济二元结构的实证分析》，《新疆财经学院学报》2004年第1期。

当 $\dfrac{G_A}{G} < \dfrac{L_A}{L}$ 时,二元反差系数 $B = \dfrac{L_A}{L} - \dfrac{G_A}{G}$;

当 $\dfrac{G_A}{G} = \dfrac{L_A}{L}$ 时,二元反差系数 $B = 0$;

当 $\dfrac{G_A}{G} > \dfrac{L_A}{L}$ 时,二元反差系数 $B = \dfrac{G_A}{G} - \dfrac{L_A}{L}$。

在农业经济向工业经济转化的早期,农业部门是整个社会经济发展的重心,非农业部门刚刚起步,所以农业部门的劳动力比重及产值比重接近于 1,由于非农业部门处于萌芽状态,其生产力水平低,此时农业部门的产值比重大于劳动力比重,即 $G_A/G > L_A/L$;随着非农业部门的发展,其生产力水平不断提高,并逐渐接近农业部门的生产力水平,在某一时刻农业部门的产值比重与劳动力比重相等,即 $G_A/G = L_A/L$;随着工业化进程的加速发展,非农业部门发展迅速,农业经济逐渐向现代工业经济转化,此时的农业部门的产值比重低于劳动力比重,即 $G_A/G < L_A/L$。现阶段我国正处于农业经济向现代经济转化的时期,农业部门的产值比重低于劳动力比重,因此现阶段的二元反差系数公式为:

$$B = \frac{G_A}{G} - \frac{L_A}{L}$$

同二元劳动生产率对比系数一样,二元反差系数的理论值也介于 0—1 之间,所不同的是,二元反差系数越大,表明农业部门与非农业部门间的差距越大,城乡间的二元性越明显;反之,二元反差系数越小,农业部门与非农业部门间的差距越小,城乡间的二元性越弱。当二元反差系数等于 0 时,城乡间的二元结构消失,成为城乡一元经济,此时城乡进入协调发展的阶段。

在农业经济向现代工业转化的过程中,非农业部门由于具有先进的生产力,所以发展较为迅速,导致农业部门的产值比重下降较快,由于农业部门劳动力比重下降的速度较为缓慢,所以使得农业部门产值比重与劳动力比重的差距越来越大,即二元反差系数越来越大,城乡间不协调性增强;同时,在非农业部门先进生产力不断进步的情况下,会有更多的人力、物力、财力、技术等要素向农业部门集聚来支持其发展,提升其技术水平及生产力水平,逐步缩小产值比重与劳动力比重间的差距,减小二元反差系数,城乡间的协调性逐步得到改善。因此在农业经济向现代工业经济转换的过程中,二元反差系数随着时间的推移呈现先增后减的变化,即呈现不平滑的"倒U型"[1]。

城乡间二元经济关系体现在产值和劳动力在农业部门和非农业部门间的配置,二元结构的弱化意味着农业部门的产值比重以及劳动力比重下降,非农业部门的产值比重和劳动力比重上升,比较劳动生产率及二元劳动生产率对比系数在此基础上提出用于测度二元经济结构,进而衡量城乡关系。二元反差系数虽然只涉及农业部门产值比重与劳动力比重,但综合反映了经济发展由农业经济向现代工业经济过程中的二元经济结构变化。1978年,以农村改革为突破口的改革开放,引起了中国经济社会巨大的变化,江苏省也不例外。到80年代中期,其成果已经初步显现。1990—2010年间江苏省农业部门与非农业部门比较劳动生产率、二元劳动生产率对比系数及二元差异系数的变动,可以发现,从产值比重和劳动力比重角度,劳动力比重和农业产值比重呈下降趋势,1990年至2010年间,劳动力比重从56.55%下降到22.3%,年均降低率为4.76%,农业产值比重从25.07%降低为6.13%;相应的非农部门劳动力的比重从43.45%上升为2010年的77.7%,年均增长率为2.95%,非农部门的产值比重从74.93%上升为93.87%,年均增长率为1.13%。从生产率差别的角度,江苏省非农业部门的比较劳动生产率的系数值一直高于1,并呈下降趋势(1991年稍有波动)(图7-7),1990年非农部门劳动生产率为1.7244,2010年降低为1.2081,年均降低率为1.8%;相比较而言,农业部门的比较劳动生产率的波动幅度较大,1990、2003、2006年形成波底,1990年至1993年呈下降趋势,1994年至1996年呈上升趋势,1997年至2003年间又呈现下降趋势,2004年至2006年呈下降趋势,2007年至2010年呈上升趋势,但总

---

[1] 袁捷敏:《探析二元反差指数的意义》,《统计与决策》2008年,第55页。

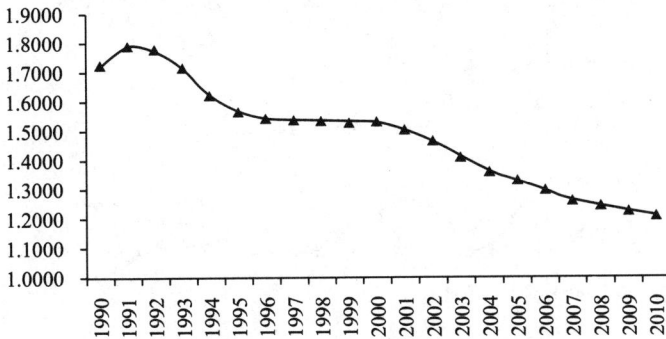

图 7-7　1990—2010 年非农部门比较劳动生产率

体上呈现出下降态势(图 7-8);从二元劳动生产率对比系数的角度,
二元劳动生产率对比系数呈现波动性变化趋势,系数值在 0.2 左右波
动,1990 年的值最高为 0.26,2002 年最低值为 0.18,并在 1996 和 2004
年形成了两个历史高峰,1993 年、2002 年和 2006 年形成了三个低谷
(图 7-9),其中可以看出江苏农业与非农业的二元经济结构突出,农
业部门与非农业部门的就业结构与产值结构偏离,劳动力在产业间的
转移存在较大障碍;从二元反差系数角度,1990 年至 2010 年间,二元
反差系数呈波动性下降趋势,表明城乡二元结构呈缓和状态,二元系
数值从 1991 年的 0.3475 降低为 2010 年的 0.1617,年均降低率为
3.9%。

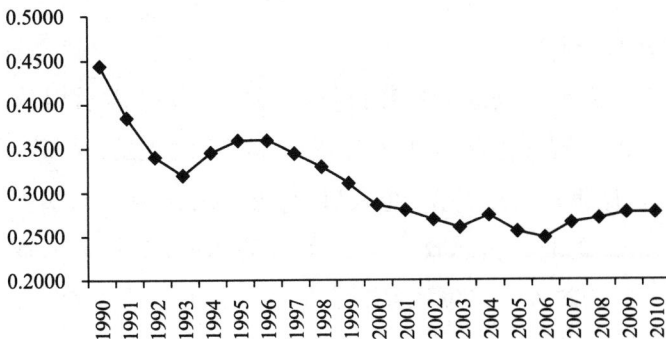

图 7-8　1990—2010 年农业部门比较劳动生产率

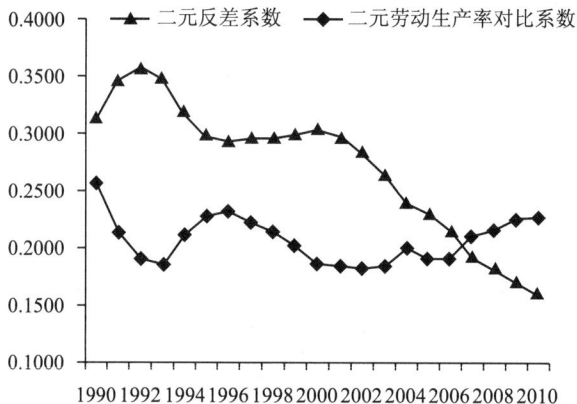

图 7 - 9 1990—2010 年江苏省二元反差系数、二元劳动
生产率对比系数图

三、城乡经济发展差异的成因——区域的角度

采用锡尔系数对江苏省区域经济差异进行分析。锡尔系数是衡量区域差异程度的常用指标,由锡尔(Sirl)在 20 世纪 60 年代提出。锡尔系数用于区域差异研究的优点是其具有可分解性,可分解为区域间和区域内差异,并可衡量区域间差异和区域内差异对总体差异的贡献率[8]。锡尔系数公式表示为:

$$T = \sum S_i * \log\left(\frac{S_i}{P_i}\right) + \sum S_i * \sum_j \frac{s_{ij}}{s_j} * \log\left(\frac{s_{ij}/s_i}{p_{ij}/p_i}\right) = 区域间差$$

距＋区域内差距

其中,T 表示以收入为权数计算的锡尔系数;i 表示划分的组数,本文中 i＝3,分别表示苏南地区、苏中地区、苏北地区;P_i 表示 i 组人口占总人口比重;p_i 表示第 i 组人口;p_{ij} 表示第 i 组中的第 j 区人口;S_i 表示第 i 组的收入占总收入的比重;s_i 表示第 i 组的收入;s_{ij} 表示第 i 组中第 j 区的收入。锡尔系数的值在0—1之间,锡尔系数值越大说明区域差异越大。①

---

① 本书人口均指各地区的户籍人口。

为研究区域间差异和区域内差异对江苏省经济差异的贡献,定义区域间贡献率和区域内贡献率为:区域间差异贡献率＝区域间差异/T;区域内差异贡献率＝区域内差异贡献率/T。

表7-5　2000—2010年江苏省三大区域发展水平差异锡尔系数值及其贡献率

	2000—2010年江苏省三大区域发展水平差异锡尔系数值及其贡献率							
年份	锡尔系数值				贡献率			
	区域间	苏南内部	苏中内部	苏北内部	区域间	苏南内部	苏中内部	苏北内部
2000	0.0692	0.0053	0.000385	0.001760	0.9033	0.0687	0.0050	0.0230
2001	0.0721	0.0058	0.000288	0.001736	0.9023	0.0724	0.0036	0.0217
2002	0.0759	0.0071	0.000245	0.001702	0.8930	0.0841	0.0029	0.0200
2003	0.0878	0.0101	0.000239	0.000999	0.8852	0.1023	0.0024	0.0101
2004	0.0905	0.0107	0.000241	0.001711	0.8774	0.1037	0.0023	0.0166
2005	0.0950	0.0101	0.000255	0.001672	0.8877	0.0943	0.0024	0.0156
2006	0.0941	0.0105	0.000203	0.001595	0.8840	0.0991	0.0019	0.0150
2007	0.0932	0.0102	0.000193	0.001514	0.8869	0.0969	0.0018	0.0144
2008	0.0896	0.0102	0.000268	0.001423	0.8826	0.1008	0.0026	0.0140
2009	0.0835	0.0102	0.000230	0.001171	0.8778	0.1074	0.0024	0.0123
2010	0.0797	0.0095	0.000182	0.000977	0.8820	0.1051	0.0020	0.0108

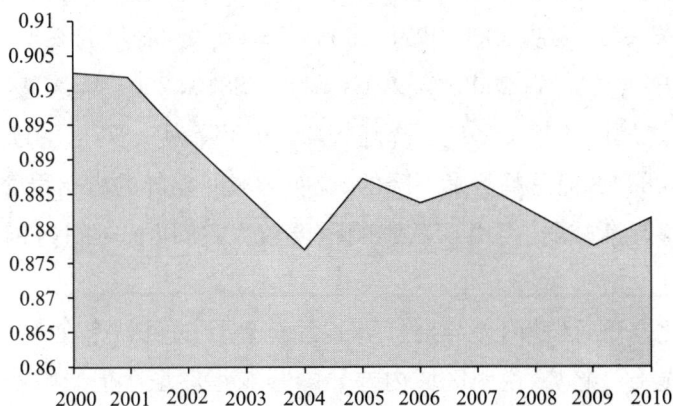

图7-11　2000—2010年区域间差异对江苏经济差异的贡献率

以江苏省三大区域 GDP 占全省 GDP 的比重为权数计算江苏省 2000—2010 年锡尔系数,如图 7 - 11 所示。从表 7 - 5 中可以看出, 2000 年至 2006 年江苏省锡尔系数呈递增趋势,2007 年开始出现下降。 贡献率用于衡量引起区域间差距的影响程度,2000 年至 2010 年区域 间差异对江苏经济差异的贡献率平均在 88.75%,说明三大区域间差异 是导致江苏省经济发展差异的主因。其原因是因为三大区域间经济 发展水平差距较大,苏南地区人均 GDP 显著高于苏中、苏北地区,2004 年苏南地区人均 GDP 是苏中地区的 2.74 倍,2007 年苏南地区人均 GDP 是苏北地区的 4.55 倍。出现发展差距一方面是因为经济政策偏 向苏南地区,政府投入大量的资金进行基础设施建设、固定资产投资 等,促进了苏南地区快速发展;另一方面是因为苏南地理位置优越,位 于长江三角洲下游,处在沿江和沿海的交界处,容易受到周边大城市 的辐射带动,苏南地区的发达市场和高度开放的外向型经济吸引资 本、技术、信息、人力得以向苏南地区集聚,促使苏南地区更快发展。苏 北地区交通不便,基础设施落后,发展技术水平低,所以发展较为落后。 为缩小区域间的差异,江苏省政府先后提出"积极提高苏南、加快发展 苏北"、"加快沿江开发,推动区域共同发展"等战略,以此促进区域共同 发展。至此,区域间差异的贡献率呈波动性下降,但 2010 年区域间差 异对江苏经济差异的贡献率仍然为 88.2%。区域间差异的贡献率呈波 动性下降,表现为从 2000 年的 0.9033 下降为 2004 年的 0.8774,2005 年又上升为 0.8877,2006 年又下降为 0.8840,2007 年缓慢上升为 0.8869,之后的两年又呈现下降趋势,2009 年降为 0.8778,2010 年缓慢 上升为 0.8820,但总趋势是下降的,说明区域间差异的影响程度随着时 间的推移逐渐减弱,但由于其影响程度较大,所以长时间内仍占主导 地位。

相比之下,区域内差异对江苏省经济差异的贡献率在 10% 左右, 且呈缓慢上升趋势,说明区域内差异的影响程度虽小但影响程度在逐 渐增强。区域内差异的影响呈波动性上升,从 2000 年的 0.007412 上 升为 2006 年的 0.01234,说明区域内差异的影响程度逐渐增强,2007

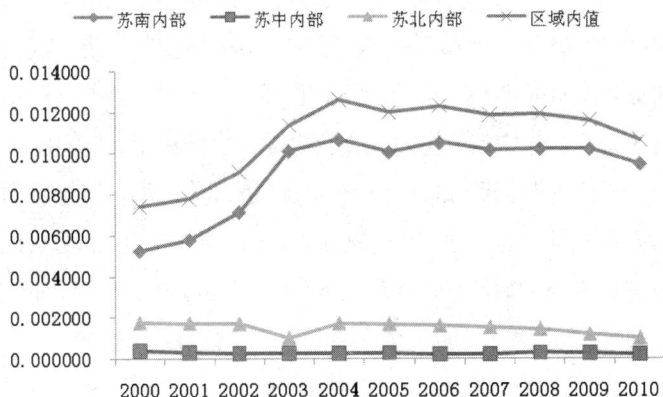

图7-12 江苏三大区域内差异系数值

年之后影响程度开始下降,降为2010年的0.01656,但整体趋势是上升的,说明区域内差异对江苏省经济差异的影响程度缓慢增强。在区域内差异对江苏省整体经济差异的贡献中,苏南地区的贡献率最高且呈上升态势,2000年苏南内部差异的贡献率为0.0687,2004年上升为0.1037,2005年降为0.0943,2006年又上升为0.0991,2007年下降为0.0969,之后两年呈递增趋势,2010年又缓慢下降为0.1051,但总体的变化趋势是上升的,说明苏南地区经济发展差异相对苏中、苏北地区是区域内差异的主要来源,并且对整体区域差异的影响程度在逐渐增强。苏南地区虽然整体发展水平比较高,人均收入、可支配支出都处于较高的位置,由于苏州、无锡、常州近年来发展较为迅速,使得苏南的内部差异较大。苏中及苏北地区发展相对均衡,对江苏经济差异的影响程度变化趋势基本一致均是逐渐减弱。苏中内部差异的贡献率从2000年的0.005降为2010年的0.002,苏北的贡献率相应的从0.023降为0.0108。但应注意的是苏北地区的差异贡献率高于苏中地区,说明苏中内部差异较小,对江苏省经济差异的贡献较小,苏北地区的内部差异对江苏经济差异的贡献要高于苏中地区。

三大区域间不均衡发展对江苏省经济差异具有显著性影响,但影响程度逐渐减弱,三大区域内经济差异的影响程度突显增强,苏南地区内部差异对江苏省整体发展差异的影响比苏中、苏北地区显著。因此,政府在制定经济发展战略时应考虑区域间差异,按照优势互补、互惠互利的原则,加强苏南、苏中、苏北的经济合作与人才、技术、信息的交流,加强苏南对苏中、苏北地区的辐射带动作用,推进苏中、苏北的城市化进程,改善苏中、苏北的投资环境,促进苏中、苏北快速发展以缩小与苏南的差距;同时也不要忽视区域内发展差异,针对区域内差异的产生原因采取有效的措施,加强对农村地区的政策支持,加大农村的基础设施建设投资力度,加大农村地区的教育、医疗投资支出,促进农村地区快速发展,缩小城乡间差距,促进江苏区域经济及城乡统筹协调发展。

第三节　江苏省统筹城乡发展的社会因素分析

江苏在城乡统筹过程中存在一定的社会发展差异,究其成因如下:

一、经济结构的影响

经济结构和产业结构不仅导致城乡间经济发展水平和发展速度存在差异,由于城镇的创富机制和聚集效应,使农村处于不利地位,导致农村发展缺乏资金、技术,农村的滞后发展会抑制农村社会事业的发展,导致城乡间社会发展水平存在差距。资金具有追逐利益的属性,劳动力也一样,城乡间产业结构的差异导致城乡居民的就业结构的差异,导致城乡间居民的收入结构差异,城镇居民以工资性收入为主,而农村居民以家庭经营性收入为主,城乡间的产业特性决定了城乡间经济发展水平存在差距,经济发展水平间的差距导致城乡间居民的收入差距,城镇居民的工资性收入要高于农村居民的家庭生产经营性收入,必然影响城乡居民间的消费支出差距。随着经济的快速发展,城镇经济结构调整要快于农村,导致农村居民的家庭经营性收入不能大幅增长,再加上农业生产率低下、农村二三产业不发达,城市对农村富余劳动力的吸纳能力有限,抑制了农村劳动力的流动,制约了农村居民工资性收入等其他收入的增长,城乡间的收入水平差距越来越大,导致城乡间的消费差距随经济的快速发展呈现扩大趋势。

二、财政支持的影响

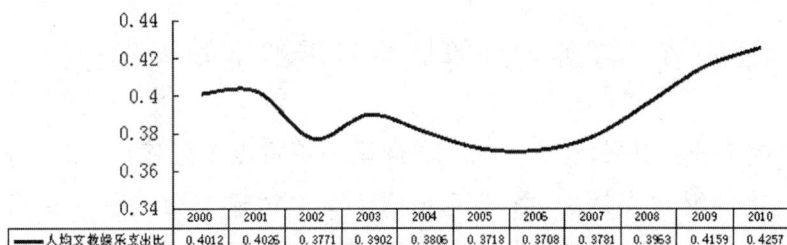

	2000	2001	2002	2003	2004	2005	2006	2007	2008	2009	2010
人均文教娱乐支出比	0.4012	0.4025	0.3771	0.3902	0.3805	0.3718	0.3708	0.3781	0.3953	0.4159	0.4257

图 7‐13　2000—2010 年江苏省城乡居民人均文教娱乐支出比

表 7‐7　2006—2010 年江苏省教育、医疗卫生、社会保障和就业支出和占比情况

（单位:亿元）

年份 \ 项目	教育		医疗卫生		社会保障和就业	
	支出	占比	支出	占比	支出	占比
2006	364.02	18.08%	93.87	4.66%	162.31	8.06%
2007	492.90	19.30%	115.29	4.51%	212.53	8.32%
2008	592.60	18.25%	148.61	4.58%	231.52	7.13%
2009	680.63	16.94%	198.21	4.93%	299.17	7.45%
2010	865.36	17.61%	249.69	5.08%	364.48	7.42%

2006—2010 年间江苏省逐渐加大对教育、医疗卫生、社会保障和就业的财政支持力度,2006 年的财政教育支出为 364.02 亿元,2010 年增长为 865.36 亿元,增长了 137.72%,但是教育支出占财政总支出的比重却呈下降趋势,2006 年教育支出占所占比重为 18.08%,2010 年降低为 17.61%,下降了 2.6%;2006 年的医疗卫生支出为 93.87 亿元,2010 年增长为 249.69 亿元,增长了 166%,但医疗卫生支出占总的财政支出的比重较低,2006 年所占比重为 4.66%,2010 年所占比重虽有所增长,但增长的幅度较小,2010 年仅为 5.08%;2006 年的社会保障和就业的财政支出为 162.31 亿元,2010 年增长为 364.48 亿元,增长了

124.56％,同教育支出一样,社会保障和就业站总财政支出的比重呈下降趋势,2006所占比重为8.06％,2010年降低为7.42％。教育、医疗卫生、社会保障和就业的财政支出少,影响了城乡的教育水平、医疗水平和就业质量。

第四节　江苏省统筹城乡发展的空间因素分析

改革开放以来,江苏省加强交通运输等重点工程建设,加大对交通运输的财政支持力度,2006年用于交通运输方面的财政支出为48.31亿元,2010年增长为276亿元。铁路运营里程从1978年的732公里增加到2010年的1908公里,增长1.6倍;公路通车里程由1.77万公里增加到15.03万公里,基本实现村村通公路,其中高速公路通车里程2010年末达到4059公里,在全国率先实现联网畅通,密度为全国各省区之首,一级公路2010年末的通车里程为9514公里,二级公路2010年末的通车里程为21328公里,2010年末的管道里程为5557公里,航道里程24248公里,至2010年末建成桥梁64675座,其长度为2829872米。

2010年一号文件指出,要"推进城镇化发展的制度创新,积极稳妥推进城镇化,提高城镇规划水平和发展质量,当前要把加强中小城市和小城镇发展作为重点。深化户籍制度改革,加快落实放宽中小城市、小城镇特别是县城和中心镇落户条件的政策,促进符合条件的农业转移人口在城镇落户并享有与当地城镇居民同等的权益。"这是党的文件再次把小城镇作为我国城镇化的重点,作为城乡统筹的重点,在统筹城乡发展的新时期,小城镇的发展对城乡经济、社会一体化进程所起到的作用日益明显。小城镇的发展建设有利于改善投资环境,促进乡镇企业和市场的大发展,带动二三产业的发展,同时为农村剩余劳动力提供较宽广的就业渠道,降低了他们涌入大城市的风险和成本,缓解大城市的就业压力;小城镇建设可促进农民生活水平的提高,缩小城乡差别;从长远看小城镇有利于减轻现有耕地的人口压力,减少农村宅地建设对耕地的占用,节约有限的耕地资源。改革开放以来,江苏省加强对小城镇建设的投入力度,小城镇如雨后春笋纷纷建成,小城镇密度由 1978 年每万平方公里 9.6 个增加到 2010 年每万平方公里 92.6 个,小城镇的发展壮大为吸纳农村富余劳动力、农村发展提供资金技术支持等作出重要贡献,为农村、农业的发展提供便利,提高了农民的收入水平,提升了农民的生活质量。

城镇及企业的空间格局逐步优化。城镇的发展格局逐步得到优化,城镇发展由分散化向集中化发展。城镇的发展改变过去分散的格局,逐渐凸显重点中心镇的地位,一般小城镇的作用有所减弱;集镇和村庄逐渐向新型农村社区演变,城乡空间格局由块状分割向网络化发展。企业空间格局在市场的主导下,为追求集聚经济效益和最有利创业条件,纷纷由村庄、集镇向城市、具有区位优势的中心城镇或科技园区集聚,尤其是向中心城市或重点城镇的工业园区集中,形成了工业向园区集中、人口向城镇集中、住宅向社区集中的趋势。

虽然江苏省在城镇建设、企业空间格局优化等方面取得较大成就,但不容忽视的是城乡空间存在的问题。一是中心城市的土地配置不合理,不少居住用地占据黄金地带,难以发挥土地级差效益;此外,城市空间无序蔓延,大量占用农村用地,引起失地农民身份转移和就业转移问题;二是城镇建设的独自发展,形成"村村点火、处处冒烟"的现象,空间布局分散低效,集聚程度低,难以形成规模效益;三是城乡交界的"灰色地带"布局混乱,缺乏管理,城市和农村用地互相穿插,加大管理难度的同时也加剧城乡结合部布局混乱现象。土地利用的低效、浪费严重影响了城乡空间协调发展。

此外,江苏省三大区域空间结构具有明显的差异。苏南地区经济发展已经步入了工业化后期,空间结构由轴线模式向网络化模式转变,形成了以沿江和沪宁产业带为一级轴线,以 205 国道、锡澄公路、环太湖公路、312 国道产业带为二级轴线,以 318 国道、104 国道、昆太公路、锡张公路、常溧公路等为三级开发轴的网络结构。苏中地区空间结构主要以轴线为重点,其经济中心主要集中在沿江地区①。以苏北地区为主线的沿海地区,由于缺乏相关的法律政策规范,规划不明确,产业结构调整缓慢,各项基础设施建设落后,空间结构仍以点为主。虽然沿东陇海线产业群得到一定的发展,但带动作用不强,没有形成明显的轴线,更没有形成网络的空间结构。

第五节　江苏省区域城乡统筹发展的影响因素分析

采用灰色关联度法,运用 Dps 数据处理软件,结合江苏省三大区域经济、社会、空间系统数据以及城乡统筹值对江苏省三大区域统筹城乡协调发展的影响因素进行分析,影响统筹城乡协调发展因素的灰色关联分析结果如图 7－14 所示:

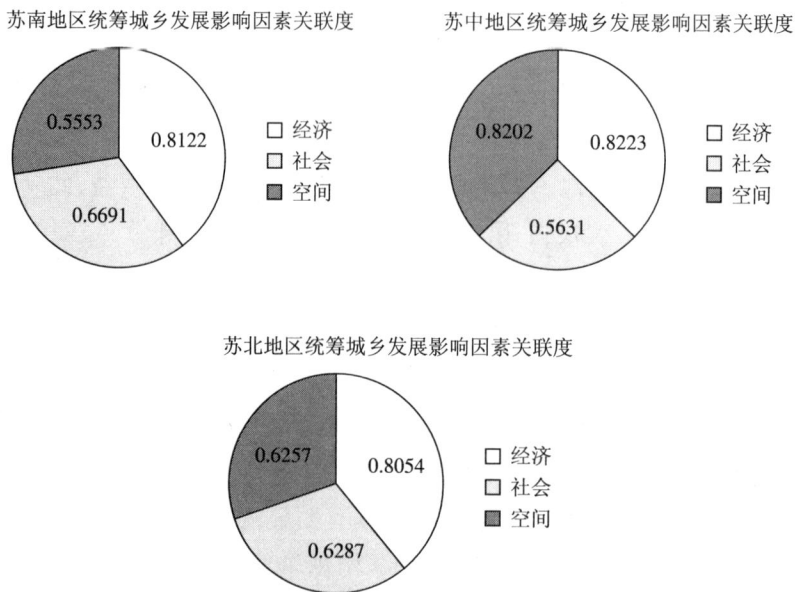

苏南地区统筹城乡发展影响因素关联度　　　苏中地区统筹城乡发展影响因素关联度

苏北地区统筹城乡发展影响因素关联度

图 7－14　江苏省三大区域城乡统筹影响因素关联度

经济因素是影响江苏省苏南、苏中、苏北三大区域统筹城乡发展

---

① 戴先杰:《江苏省区域生产力布局模式研究》,《现代经济探讨》2000 年第 10 期。

水平差异的主因,影响苏南地区统筹城乡发展发展水平的第二大因素是社会因素,第三大因素是空间因素;影响苏中地区统筹城乡发展发展水平的第二大因素是空间因素,第三大因素是社会因素;影响苏北地区统筹城乡发展发展水平的第二大因素是社会因素,第三大因素是空间因素。苏南地区占据区位优势,位于长江三角洲的核心地带,紧邻我国最大经济中心上海,高速公路横贯东西,京杭运河纵贯南北,交通便捷,受经济中心的辐射带动效应强,便于吸引国内外先进生产要素的集聚。改革开放以来,苏南地区政府和企业家,大胆进行管理体制及机制改革,推进市场化改革,以市场为导向合理的配置资源,激发了企业的发展动力,民营企业、私营企业如雨后春笋崛起,创造了举世瞩目的"苏南模式",企业的迅猛发展在吸纳农村剩余劳动力、提升城市的发展实力方面起着至关重要的作用。在当前激烈竞争的市场经济中,人才、技术对地区及企业的发展起着决定性作用。对于地区、企业来说,谁拥有更多的人才、更先进的技术,谁就获得了竞争优势,就会得到更快发展,苏南以其广阔的发展前景、雄厚的发展基础吸引越来越多的人才、技术集聚,为苏南注入了先进的发展理念及发展动力。随着经济开放,政府制定各种优惠政策吸引外商投资,引进资本和先进技术及管理经验,此外20世纪90年代江苏省政府制定的区域发展战略偏向于苏南地区,依靠政策的推动,借助外资的拉动,苏南地区得以迅速发展。苏南地区在区位、政策、人才等各方面占据优势,经济发展水平高,在经济高速发展的同时注重社会生活质量的提高,不断增强城乡居民的消费意愿、消费水平,不断加大对城乡的社会保障的扶持力度,加大对教育、医疗等社会保障支出,因此,苏南地区城乡统筹水平较高。苏中地区在区位、政策、发展基础等方面弱于苏南地区,经济中心对其的辐射带动效应较小,主要接受苏南地区的经济辐射,发展相对滞后。近年来,随着省政府区域发展战略的调整、发展环境的改善以及苏南产业转移速度的加快,苏中地区得以较快发展,城乡居民的收入水平不断提高,消费支出意愿不断增强,再加上政府加大社会保障的覆盖面,苏中地区的城乡统筹水平不断提高。苏北距离经济发达区较远,受经济中心的辐射作用弱,经济基础薄弱,对人才、资金、技术等要素的吸引力弱,且处于政策的边缘区,发展相对落后。近年江苏省大力推进产业、财政、科技、劳动力的转移,苏北地区加快了承接苏南地区的产业转移速度,提高苏北地区的工业化水平,不断缩小与苏南、苏中的地区差异,发展水平不断提升,社会保障覆盖面不断扩大,城乡统筹发展水平得以不断提高。

第八章　城乡统筹发展的经验及启示

城乡差距并非中国独有,世界各国城乡间都存在差距,只是各国的城乡差距表现形式、特征及采取的措施不同而已,大多数国家的发展经验表明,在工业化过程中应统筹城乡经济社会发展,以此缩小城乡差距。当前我国处于工业化中期阶段,城乡统筹发展有其必然性。为更好地推动江苏省城乡统筹发展,系统地研究分析国内外城乡统筹的先进做法及其教训,以此为江苏省的城乡统筹发展提供借鉴显得尤其重要。本章探讨了美国、法国、日本、韩国等国家及我国部分地区城乡统筹发展的措施,分析他们的经验及启示,为江苏省城乡统筹发展,缩小城乡差距,实现城乡二元结构向一元结构转化提供经验借鉴及启示。

第一节　国外城乡统筹发展的国际经验及启示

在世界范围内,国外发达国家和一些发展中国家工业化和城市化起步时间较早,在社会经济发展的早期,由于重城市和工业,轻乡村和农业,这些国家大都经历了城乡尖锐对立的社会发展阶段,出现了地区和城市发展不协调所带来的种种问题。随着经济社会的发展,他们日益认识到城乡协调发展的重要性,并采取了大量措施缩小地区和城乡差别,统筹城乡发展,促进城乡趋向一体化,取得了明显成效。他们在城乡统筹发展过程中的一些成功实践,为我国新时期构建和谐社会,促进城乡协调发展,提供了宝贵的经验和有益的启示。

纵观城市化水平较高的美、法、英、日等发达国家及印度等发展中国家,随着工业化、城市化浪潮的掀起,在解决城乡二元结构方面进行了多项改革,均建立起了比较完整的制度体系。从发达国家破解城乡二元结构的经验看,重点表现在以下方面。

一、美　国

工业革命加速了美国的工业化进程,使美国从农业国一跃成为新型工业国。1930年前后,传统的农村在美国基本消失,实现农村城市化,城乡间协调发展。美国的城乡互融发展积累了丰富经验,对我国及江苏省城乡统筹发展具有重要的借鉴意义。

(一)建立完善的农业保护政策体系促进农业发展

美国高度重视农业作为第一产业的地位,采取各种措施不断强化农业的地位。通过保护性收购政策和目标价格支持相结合的做法来稳定和提高农民收入,通过生产灵活性合同和反周期补贴等形式给予农民直接收入支付。此外,美国联邦财政补贴项目拨款,当地政府需支付一定比例的配套资金。[①]美国的城乡一体化是建立在高度发达的农业生产体系的基础上的。

(二)加强农业基础设施和社会事业建设

农业基础设施是推动农村经济发展、促进农业现代化的基础。20世纪30年代以来美国非常重视农业基础设施建设,加大对农田水利、农村教育、科研、技术推广、农产品流通设施等的投入和建设,改善农业技术设施落后的局面,缩小城乡差距。此外,美国也很重视教育、住房、医疗等方面的投入,建立健全社会保障体系,大力发展农村教育事业,加大对农村教育的投资力度,着力解决农村居民的就业难、住房难等民生问题,为农民提供就业信息和技术指导,拓宽农民的就业渠道、提升他们的就业能力;联邦政府通过拨付资金建立低租金住房,并为购房者提供抵押贷款保障以及税收补助。

---

① 张晴、周旭英、高明杰:《发达国家城乡统筹的做法及对中国启示》,《世界农业》2011年第4期。

（三）构建现代农业生产体系，增加农产品附加值

美国从 20 世纪 50 年代便开始通过农业公司、合同生产制、合作社的联体经营三种方式，构建了农工商一体化、供产销一条龙的大规模、专业化、社会化的现代农业生产体系，拓宽了农业产业链条，把传统农业改造成了具备工业化和商业化特点的现代农业。近年来，随着科技的更大进步，美国农业的生产率大幅度提高，产量不断增加，但由于国内市场需求饱和，农产品过剩问题越来越突出，美国政府进而加大了对农业的结构性调整的力度。他们根据世界市场的新特点调整农产品方向，十分注重将粮食转化成高附加值产品，以增加出口。通过农产品结构的战略性调整，在一定程度上解决了国内市场供大于求和农产品过剩的问题。

（四）建立健全推动城乡协调发展的法律体系

通过法律法规进行约束和支持，保护农村生态。美国建立了生态服务付费的政策与制度框架，在此其农业法案大部分内容都是就生态环保问题对农业的资金补偿。形成了公共补偿、产品生态认证等较为完整的生态补偿框架体系。

此外，美国通过法案不断修建和完善交通网络。首先，19 世纪 60 年代以来，完善铁路网路，建成北太平洋铁路、圣斐铁路等带动了城市建设，促进了铁路沿线城镇的建设；其次，为缓解城市中心区的环境、交通等压力，引导资源向郊区合理流动，进而促进郊区较快发展，联邦政府通过了《资助道路建设法案》，完善公路系统网路，建设高速公路，带动城区向郊区发展。便利的交通极大地促进了城乡间人口、信息、资本等要素的流动，加快了城乡统筹协调发展的进程。此外，20 世纪 50 年代起，政府制定了一系列的郊区税收优惠和减免政策，削减农村的税收，鼓励城市居民迁往郊区或农村。

二、法　国

随着工业革命的发展，法国也由传统的农业国一跃成为新兴工业国，土地的利用率不断提高，城乡经济发展的不平衡开始出现，二战后

经济差异呈扩大趋势,城乡间矛盾成为法国快速发展的障碍,为缩小城乡差异,法国采取的以下措施值得借鉴。

（一）开发新城区,带动农村发展

20世纪60年代中期,法国巴黎确定了"保护旧市区,重建副中心,发展新城镇,爱护自然村"的方针,建立了由农业区、林业区、自然保护区和中小城镇组成乡村绿化带①,使得中心城区的资源、人才等不断向农村地区集聚,充分发挥了中心区的辐射带动作用,不断缩小城乡差距,为实现城乡统筹协调发展提供了平台。

（二）加大对农业的投入

加大对农业的投入,提高农业在财政预算中的比重;实施农业保护政策,不断加大对农业的政策性补贴,促进土地的集中,实现农业的规模化经营;通过给予农民低息贷款及无偿投资等方式,资助农民成立农村合作社和农业互助组织;加强农村基础设施建设,提高农村的城市化水平。

（三）完善社会保障体系

建立健全完善的城乡社会保障体系,提高农村居民的养老保险、医疗保险等水平;建立农业教育体系,该体系涵盖了农业职业技术教育、农民成人教育等,培养了农业领域的高层次人才,提高了农民的素质及技能,提升了农业生产的科技含量,为促进农业发展、缩小城乡发展差异奠定了基础。

（四）制定完善的法律政策体系

20世纪50年代以来,法国政府制定一系列的政策法规鼓励刺激市区产业及人口向郊区转移。1955年起,政府禁止任何单位在市区新建工程项目;20世纪60年代起,在市区征收"拥挤税",鼓励企业、工厂等迁往郊区,对于占地500 m²的工厂迁往郊区,政府给予60%的搬迁补偿费。

---

① 张晴、周旭英、高明杰:《发达国家城乡统筹的做法及对中国启示》,《世界农业》2011年第4期。

三、英　国

英国是较早进行城乡统筹的国家。20世纪中期,英国就开始出台一系列政策与措施,来加强城乡统筹和解决城乡社会经济矛盾。具体来讲:

(一)强化政策法规建设,保护农业发展

英国制定了严格的耕地保护制度,保护农业自然景观。农户在原农用地上修房产的计划,要在层层论证听证的基础上,最后要副首相审批通过方能生效,农户同意后方能执行。英国还出台了一系列支农政策和法规,1942年政府出台了《斯考特报告》,提出让农民拥有土地的使用决定权;1947年出台了《城市和乡村规划法》,提出要通过规划来保护土地;1947年同时出台《农业法》,提出保护和鼓励农业发展,大力推广农业适用技术等;1949年颁布了《国家农村场地和道路法》,主要是保护农村自然景观,并规定城市的扩大不能占用农村特殊科学试验用地;1981年的《野生动植物和农村法》开始强调农业的环境保护问题。对耕地的保护政策和系列的支农法规促进了英国农业的集约化、高效化和现代化水平,增加了农民的收入。法国政府重点对农业组织和农业从业人员给予多方面的支持。对选择以农业为职业的青年人一次性给予6万法郎的资助,同时还可获得贷款以购置农机具。政府鼓励农业从业人员自发组织各种各样的协会,把大部分农户组织起来,为成员的生产和经营提供技术支持。

(二)完善农民就业服务体系,促进非农就业

降低城乡失业率、增加就业率是英国政府首先考虑的问题。在英国新城市运动过程中,通过制定科学合理的发展规划和制定政策、法律进行调控,保证农村地区的城镇开发有效性。同时,引导工业向农村区域的发展,制定符合当地农村地区发展的商业、服务业、文化、教育等产业发展措施,对城镇建设和农村发展的功能进行合理分工,为农村的劳动力就业创造机会,大量的农业人口被分流到非农业部门。有资料显示,在英国的所有就业人员中,制造业就业的人数占15%,教育卫

生行业就业的人数占 24%,金融行业就业的人数占 15%,服务业就业的人数占 79%,农业就业人口仅占 1.8%。通过非农就业,直接增加了农民的经济收益。

四、日 本

二战后日本经济开始复兴,但由于片面发展工业,导致工业和农业收入差距较大,大量的农村人口急速向城市集聚,农村人口迅速减少,传统的村落即将崩溃,为此日本采取各种措施统筹城乡发展,缩小城乡居民收入差距,直至 1972 年日本的城乡差距得以消除。主要经验有:

(一)加大农业投入,发展特色农业

19 世纪 80 年代,日本开始探索适合自己的农业发展道路,加大对农业的补助力度,加大对农业基础设施建设的投资,运用财政资金整治农业生产基础设施和农村生活环境,促进了农业和农村的快速发展。日本要求各村根据自身的优势及特点,发展特色产品,村与村之间进行错位竞争,提高各村的竞争优势,促进了农村的持续健康稳定发展。此外,政府鼓励农民发展非农经济,增加了农民的非农收入。

(二)发展农村基础教育及职业教育

为加快发展农村的基础教育,1947 年政府通过并出台了《基本教育法和学校教育法》,将农村的义务教育年限从 6 年增至 9 年,基本上实现全民基础教育。此外,日本还非常重视农业职业技术教育,建立健全完善的职业教育体系,加强对农民的职业教育,不断提高农民的技能及素质,不断拓宽农民就业的渠道,为农民提供各种就业学习机会,提高了农业、工业及服务业的效率,加速了农民的城市化进程。

(三)建立城乡一体化的社会保障制度

日本颁布实施的《国民健康保险法》、《国民养老金法》标志着以农村医疗保险和养老保险为主的农村社会保障体系的建立;其次,日本还不断完善收入分配体系,收入分配体系稳定了老年农民的生活来源,缩小了城乡居民差距,同时在促进土地集约规模化经营等方面起了重要作用。

（四）大力发展农业协会

日本几乎每个村均设有农业协会,农业协会提供涉及农户生产、生活等方面的服务,部分地区的农业协会承担为农村提供公共服务的功能,逐步取代了政府的功能,提高了农业的劳动生产率,增加了农村的收入,提升了农民的生活质量。

（五）改革土地制度,推进规模经营

日本 1961 年制定了《农业基本法》,以扩大农业规模为首要政策目标,同时废除土地保有面积的上限,撤销对地租的限制,允许农民经过协商,自由签订 10 年以内的短期土地租借合同,提出了"认定农业生产者"制度,将符合要求的申请者确定为"认定农业生产者",并在土地集中、贷款和固定资产投资方面给予支持。《农业基本法》促进了以土地买卖和土地租借为主要形式的土地流动,强化了农地转让和规模经营的机制。

五、韩　国

第二次世界大战后,韩国是传统的农业国家,为实现产业民族化,韩国政府重视对工业尤其是重工业发展,造成工农严重失衡,为扭转失衡局面,政府在 1970 年提出"新村运动"的设想,走出一条政府主导的农村工业化道路。经过几十年的不懈努力,韩国基本实现了城乡协调发展。其基本经验和做法有:

（一）尊重农民的意愿

由于各地的自然资源和生产禀赋不同,政府不直接干预农民的生产经营活动,赋予村民较大的经营自主权,由村民自主决定种植作物,政府从政策上给予支持,这就调动了农民的生产自主性,提高了农民的生产积极性,增加了农民的收入。

（二）加快农村经济社会发展

加大农业生产基础设施建设投资,修建道路、修筑小规模灌溉系统和水坝、水塘和排灌渠,通过推广经济作物、发展专业化生产区以及建立各种新村工厂等增加农民收入；修建卫生供水系统、公共澡堂、洗衣房，进行农村的房屋屋顶改造、房屋维修和村庄重建工作。[①] 20 世纪90 年代，重点实现城乡文化均衡发展，实施先进的文化教育。

（三）实施农村工业区计划

为推进农村工厂规模化，在农村人口密集区建立农村工业区，发展农村非农产业，增加农民的收入，实现城乡的均衡发展。到 1988 年，建成农村工业园区总计 122 个。1962 年，农民的平均收入为 9 万韩元，1990 年增长为 1000 万韩元。

（四）加大农村基础设施投入力度

韩国政府 1978 年农村开发项目费用的财政预算较 1971 年增加了7.8 倍，中央和地方财政投资合计增加了 82 倍。韩国政府还开展了新村运动，通过对农民进行思想教育，号召村村都建立"村民会馆"，通过讲课、讨论会和发放宣传品等形式，向农民灌输正直实干的价值观，培养农民勤勉、自强、团结和奉献的主人公使命感，调动了农民参与农村基础设施建设的积极性。

六、印　度

印度人口众多，以农业为主。印度曾十分重视农村工业化的发展，出台各项政策支持农业、农村发展。

（一）实施农村工业项目计划

印度成立农村工业项目中心，对农村工业企业家进行培训，同时对农村工业发展提供经济援助。为保护农村工业，以避免与大工业竞争，规定在农村工业中只生产部分产品，即采取农村工业保留政策。

（二）为农村工业和小型企业提供优惠政策

政府及金融部门注重对农村工业和小型企业的资金支持，并采取税收减免等优惠政策，促进农村工业和小型工业的发展。20 世纪 80

[①] 赵保佑、李军法：《统筹城乡经济协调发展与科学评价》，社会科学文献出版社 2009 年版，第 186 页。

年代初期,金融公司对农业工业和小型工业支持的资金占融资额的70％以上。

印度为支持农业、农村发展虽取得很大成效,但其在城市化推进过程中,城乡统筹发展也出现一些值得我们关注的问题。20世纪70年代,流入城市的农村人口达到城市总人口的46.9％,城市里人满为患,城市无法吸纳众多的农村人口,工业企业无法提供足够的就业岗位,基础设施也超过其负荷,使得印度城市里出现了大量的贫民窟。由于大量的农村人口流向城市,导致农业凋敝,出现严重的两极分化。

第二节　国内城乡统筹发展经验

一、上海市

上海市在1984年就开始探索城乡一体化的发展道路,上海城乡统筹发展进程中,城乡一体化发展的推动力量由自上而下的城市扩散力和自下而上的乡村内生驱动力两部分组成。[1] 上海市发展改革委员会就实现城乡一体化发展提出了相应的战略,其战略原则是:非均衡整体发展战略原则、双向演进互动发展原则(推进城市郊区化、推进农村城市化)、市场取向与政府有效干预相结合原则、制度创新原则(打破二元制度结构)、系统协同原则。[2] 上海市统筹城乡发展的主要做法是:

（一）统筹城乡规划

统筹城乡规划所有相关机构,对郊区及城镇在人口规模、生态环境、产业布局、社会公共服务设施等方面进行统一的规划和部署,形成城乡一体的协调发展布局。城市规划体系可分为中心城区、新城、中心镇和一般镇四个层次,其中新城、中心镇和一般镇位于郊区。

---

[1]　任保平、赵小静:《工业反哺农业、城市带动乡村:长江三角洲地区的模式和经验及其对西部地区的启示》,《西北大学学报》2006年第2期。

[2]　马景娜:《重庆市城乡统筹进程评价研究》,重庆师范大学,2010年。

（二）打破城乡间的隔离

上海市综合运用多样化机制统筹城乡发展，以打破城乡间隔离。政府通过采取措施倡导农民进城工作，放宽农民工进城的政策限制，吸引投资性移民和智力性移民；加大对农村的财政支持力度，提高农村社会事业及公共服务水平，优化社会环境，改善交通状况建立完善的交通体系。根据上海各个区域经济发展实际情况，建立和完善农村基本社会保障制度，完善新型农村合作医疗制度，巩固并提高农民合作医疗投保率，提高农民自身医疗保障能力。[①]

（三）推进农业向规模经济集中发展

推进农业向规模经营方式转变，转变农业经济的增长方式，重视农业的集约发展，加速农业现代化进程，增强农业市场竞争力及抗风险能力。建立和完善现代农业园区及农副产品标准化生产基地，推广市场上有知名度、竞争力、市场占有率高的农副产品名牌，推动农业的规模化生产及企业化经营。努力为农业系统提供物流、科技、信息服务等平台，强化了农业多种服务功能。

（四）提高工业园区的集中度

上海市加快重点产业布局向郊区的转移力度，加大工业向园区的转移力度，为提高郊区的经济实力及综合水平提供有利条件。工业园区应立足于发展劳动密集型与科技密集性相结合产业，尽可能提供更多的就业岗位，扩展人们的就业空间，形成以重要城镇和节点城镇为依托的特色工业园区。目前，上海郊区正形成以制造业为中心的三个层面的工业布局：以高新技术和一些支柱产业为支撑的核心工业区域、以"一业特强、多业发展"为标志的重点工业区域和以郊区中心镇等节点城镇为支撑的特色工业园区域。[②]

---

① 唐国芬：《我国西部城乡一体化与东部差距——以重庆和上海为例》，《重庆工商大学学报》2007 年第 4 期。

② 马景娜：《重庆市城乡统筹进程评价研究》，重庆师范大学，2010 年。

二、北京市

针对北京市"大城市、小郊区"的特殊市情,北京市的城乡统筹发展道路为"工农协作、城乡结合",以城市工业支援农村、农业进而推动乡镇企业发展来推动城乡一体化建设。北京市城乡统筹发展的具体做法:

(一)工农协作,互相促进

该过程分为四阶段:第一阶段 1978—1985 年,北京市工业优先发展之后,充分发挥工业对农业的反哺作用,提高农业的劳动生产率,增加农民收入;第二阶段 1986—1990 年,该阶段城乡工业分工明确、广泛联营实现共同发展;第三阶段 1991—1995 年,各区县因地制宜的根据现况进行区域规划,农业向集约化方式转变。乡镇企业深化改革,试行推广股份合作制,同时进一步强化和完善企业法制体制建设,为将来的发展提供法律基础;第四阶段 1996 年至今,农业开始走产业化道路,围绕大型加工企业加大农产品基地建设,从而形成龙头产业带动基地、基地带动农户的产业格局。

(二)城乡结合,协调发展

加大城市工业向农村的转移力度,鼓励城市工业把初级民用产品的生产转移给郊区有实力的乡镇企业,与此同时向乡镇企业提供原材料、生产必需的生产设备和销售渠道,这样在促进乡镇企业发展的同时,使得城市工业也能腾出场地、资金等研究开发更具竞争力的新产品。城乡联营企业不仅给乡镇企业带来先进的生产技术及管理经验,还可以加快转移农村剩余劳动力,在一定程度上加快了城乡统筹发展的进程。

三、成都市

(一)基本措施

成都市是比较典型的大都市带大郊区,城乡发展不平衡、城乡二元结构突出的地区。1985 年城乡居民收入比为 2.06∶1,2003 年扩大到 2.66：1,农村社会事业发展滞后,公共资源城乡配置失衡。2004 年 2 月,成都市委、市政府全面实施推进城乡一体化战略,并出台了《关于统筹城乡经济社会发展、推进城乡一体化的意见》,着手从户籍、就业、社保、教育、医疗、工业布局、招商引资、基础设施建设等城乡经济社会发展和群众生产生活的各个方面推进城乡统筹发展。经过几年的实践,成都市推进城乡统筹、科学发展的基本思路逐步形成,政策体系、体制机制和工作措施不断完善。2007 年下半年,成都和重庆一起被批准为统筹城乡综合配套改革试验区,证明其数年实践赢得充分肯定。

成都市推进城乡一体化的具体做法,中国社科院、成都市社科院联合课题组将其归纳为八个字:"三三见六,以一化二"。第一个"三",是指"三个集中",即农民向城镇集中、工业向园区集中、农用地向规模经营集中;第二个"三"是"三大重点工程",即农业产业化工程、农村扶贫开发工程、农村发展环境建设工程。"六"是指六句话:以县城和有条件的区域中心镇为重点;以科学规划为龙头和基础;以产业发展为支撑;以建立市场化配置资源的机制为关键;以制定和完善相关配套政策为保证;以农民身份转变为出发点和落脚点。"以一化二"是指以城乡一体化的发展路径来破解"二元结构"。[①]

(二)经验与启示

一是认识到位,领导重视;二是思路清晰,重点突出。成都市在推进城乡一体化工作中,立足成都实际,创造性地提出了"六句话"、"三个集中"、"三大重点工程"的总体思路和要求,突出农村基础设施和环境建设、突出农村社会事业发展;三是创新体制,加大投入。成都市在统筹城乡发展建设中,采取了强有力的措施:从城乡规划建设,城乡产业发展,城乡基础设施建设,城乡资源行政管理,城乡政策体系,城乡社会事业等各方面,大力推进城乡一体化。此外,成都市重视投入,以政府投入为主导,广泛吸纳民间资本,建立健全多元化的投资机制。

---

① 中国社会科学院、成都市社会科学院联合课题组:《成都市城乡一体化模式探索及其普遍意义》,http://www.china.com.cn/chinese/zhuanti/chengdult/918131.htm。

四、重庆市

(一)基本措施

1. 城乡户籍管理一体化

城乡二元户籍管理制度是城市化进程的重要制约。2003年开始，重庆市启动实施了新一轮以打破农业户口和非农业户口二元结构为核心的户籍制度改革，实行城乡户口一体化登记管理制度，将农业户口和非农业户口统称为"重庆市居民户口"，放宽了一系列户口迁移限制。

2. 推进城乡劳动就业一体化

农民工问题是重庆的特点。重庆具体推出和落实三大措施：第一，提高农民工综合素质。重庆各地狠抓职业教育和进城务工农民培训，让新生劳动力带着技能闯天下，鼓励农民工主动接受和融入工业文明、城市文明。江北区制定了创建充分就业社区的标准，包括有劳动能力和就业愿望的农村富余劳动力转移就业比率达到95％，实现农村"零转移就业家庭"中至少有一人就业。第二，建立健全农民工社会保障体系。目前，重庆市有农村居民的39个区县已全面建立和实施农村居民最低生活保障制度，《重庆市农民工养老保险试行办法》和《重庆市农民工大病医疗保险市级统筹试行办法》分别从2007年7月1日和10月1日起实施。第三，改善农民工生活条件，主要是住房条件。重庆市首个保障性住房项目在南岸区动工，主要针对的群体就包括进城务工农民。

3. 推进城乡经济发展一体化

按照工业反哺农业、城市带动农村的要求，大力发展农村一、二、三产业，调整农业结构，拓宽农民增收渠道，促进了农村经济总量快速增长。以土地流转为突破，积极推进农业规模经营，至2008年重庆市农村土地规模经营集中度达到了15.1％；坚持围绕龙头企业建基地，初步建成了一批在全国具有一定影响的产业基地；着力打造百个区域性中心城镇和经济强镇，乡镇企业和农村商贸流通业得到快速发展。

4. 推进城乡基本公共服务一体化

全面建立了以县为主的农村教育管理体制,所有区县提前完成"普九"任务,对农村贫困家庭子女、城市低保家庭子女、三峡移民子女、农村退役士兵等五类人员就读中等职业学校实行政府资助、免收学费,并给予生活费和住宿费补助。大力建设县乡村卫生服务网络和医疗体系,积极扩大新型农村合作医疗试点。截至 2007 年底,全市 80% 的农村人口参加了新型农村合作医疗;确立了农村最低生活保障制度,实现了最低生活保障城乡全覆盖。

5. 推进城乡基础设施一体化

重庆市按照"打基础、建平台、增后劲"的要求,大力推进城乡基础设施一体化、网络化,促进了基础设施建设重心由城市向农村逐步转移。至 2008 年行政村公路通达率 95%,基本完成农村电网改造。

(二) 经验与启示

必须打破重城轻乡观念,消除对"三农"的制度性歧视;必须创新体制机制及政策支持体系,为统筹城乡发展提供制度保障。必须打破城乡二元结构的体制机制,探索放开农村土地流转管制;取消农业与非农业户口的分别,建立城乡统一的户籍登记管理制度;统筹规划城乡土地、功能定位及建设整治问题;逐步实现城乡社保、教育及公共服务均等化。

必须加快农村地区经济建设,实现城乡同步发展。要加快农村发展,一是要推进城乡规划一体化,着力推进城乡规划全覆盖。按照城乡产业布局一体化、城乡劳动就业一体化、城乡市场流通一体化、城乡基础设施建设一体化、城乡社会事业发展一体化的要求编制城乡建设规划,实现城乡规划一体化;二是要进一步优化经济结构,促进一、二、三产业协调发展。积极发展都市型农业,扶持农业龙头企业,拉动农村消费,繁荣农村市场;三是要高度重视中心镇建设。将中心镇建设成为区域特色经济中心、城乡基本公共服务平台,充分发挥中心镇对周边农村地区的集聚和辐射作用。

必须改革城乡利益分配体制,加大对农村地区的财政支持力度。

必须要按照统筹城乡发展的要求,真正建立财政支农资金稳定增长的投入机制和工业反哺农业、城市支持农村的激励机制。确保相当比例的财政税收、金融信贷资金投向农业农村、农村基础设施、农村社会事业和社会保障事业。

必须加强组织领导,为统筹城乡发展构建和谐社会提供坚强的组织保障。

第三节　城乡统筹发展的国内外经验及启示

发达国家从 20 世纪初期或中期,逐步走上工业反哺农业、城市支持农村、统筹城乡协调发展的道路,至 20 世纪七八十年代基本上实现了城乡融合,他们在发展过程中积累了许多可供借鉴的有益经验,对于江苏省乃至我国实行城乡统筹协调发展具有重要的启示和借鉴意义。

一、发挥政府的主导作用

国外城乡统筹协调发展的经验均表明政府在城乡统筹协调发展过程发挥了重要作用,在市场经济条件下,城乡居民收入有其自身发展规律,工农、城乡间由于生产率不同导致的收入差距随着时间的推移也会慢慢消除,但所需时间会相当长,为缩小差距,政府应发挥主导作用。综合来讲,国外发达国家及发展中国家政府通过以下主要政策措施促进城乡协调发展:一是政府通过制定符合国家自身特点的发展规划,并出台与之相配套的政策法规,为城乡统筹协调发展提供制度保障,促进城乡协调发展;二是"三农"问题是政府工作的中心,政府通过财政拨款支持农村基础设施建设加大对农业的投入,促进城乡间要素的自由流动及合理配置,同时在税收、贷款等方面基于农民优惠;同时对农民进行职业教育培训,提高农民的技能及素质;三是出台相关的法律法规。

二、加大对农村的投入

城乡统筹过程中,必须充分认识并重视农村的地位及作用,必须采取有利于农村发展的措施增强农村的发展能力,提高农村为城市发展提供要素的能力。无论是国外的发达国家还是发展中国家都非常重视发展农村经济,采取财政补贴、税收优惠等措施促进农村发展,不断缩小城乡间生产、生活差距;改善农村交通设施、通讯设施,加强城乡间产业发展的密集性;大力发展农村基础教育和职业教育,提高农民的技能与素质,提高农业的生产技术水平,为统筹城乡发展缩小贫富差距、缩小城乡差距、缩小区域差距打下坚实的基础。

三、通过立法促进城乡统筹发展

推进城乡工业化进程,需高度重视国民经济增长带来的工农、城乡发展失衡问题,要通过制定相应的法律法规统筹城乡发展,为城乡协调发展提供制度保障。

从世界各国的城乡统筹进程看,制定和实施法律是落实城乡规划的保证,没有法律的支持和保障,城乡统筹规划及措施难以实施。比如,对于农业剩余劳动力的就业问题,通过立法消除城乡户籍制度,以避免阻碍剩余劳动力的转移;城市化过程中,通过法律对农村土地的利用、赔偿等进行规定,以保护农民的合法权益不受侵犯。美国经历了1929—1933 年的经济危机,为避免危机对农业及农户的影响,美国1933 年出台《农业调整法》,确定了对农民农产品价格的支持政策,以避免几百万农民因 1929—1933 年经济危机造成的破产威胁;日本1961 年通过出台《农业基本法》,缩小了城乡收入差距。

四、建立合理有序的农村剩余人口向城市转移机制

从世界各国的经验看,随着工业化进程的深入,大量的农村剩余劳动力开始涌向城市,这是城乡发展的必然趋势。世界各国工业化和城市化发展的一般规律是当工业在 GDP 中所占比重达到 40％时,农

村劳动力转移程度基本上达到 50％。[①] 为达到这一发展要求各国非常重视农村剩余劳动力的转移,建立合理的机制有序地引导剩余劳动力流动;同时加强对农民的职业教育培训,提高他们的技能,以满足工业化的需要;拓宽农民的就业信息渠道,通过专人介绍和用工指导,解决农民的就业问题。

五、结合国情和实际制定适宜的政策

城乡统筹协调发展要结合当地实际,因地制宜,不能照搬外界的发展经验,可以在外界发展经验的基础上结合实际情况有所创新的运用。19 世纪 60—80 年代,日本在发展过程中照搬西方农业的生产技术及经营方式,最终失败了。中国有中国的国情,在推进城乡统筹发展的过程中需从实际出发,结合国情采取合适的措施;对于江苏省也一样,在城乡统筹发展的进程中要考虑工业化、城市化现状及城乡差距程度,结合国内外的发展经验,制定适合江苏省实际的政策措施,破除城乡体制机制障碍,建立以工促农、以城带乡的长效机制,加快推进城镇化进程,加大对农业的投入,增加农民收入。

六、要有清晰明确的推进路径

从美、日、法、韩国等国家的统筹城乡发展经验可以看出,他们基本遵循先补贴支持,再通过政策措施进行制度化保障的思路。政府一方面对农村采取各种优惠措施,促进农村发展,提高农民收入;另一方面,对农村进行财政支持,加强对农村的基础设施建设,以此提高农业的生产率,加强城乡间物质、信息的流通。在此基础上,制定相关的法律法规,加强统筹城乡的制度建设,完善城乡一体的制度环境,构建一体的教育、就业、医疗、社会保障制度,为农村的持续健康稳定发展提供制度保障。

---

① 赵保佑、李军法:《统筹城乡经济协调发展与科学评价》,社会科学文献出版社 2009 年版,第 90 页。

第九章 城乡统筹发展的政策建议

第一节 城乡统筹发展的目标

城乡统筹发展,要消除城乡分割体制,促进城乡生产力的发展,并根据城乡不同发展阶段的特点,通过体制和制度创新,合理配置城乡资源,实现资源的效用最大化,建立新的城乡经济和社会秩序,促进城乡协调发展和共同富裕,实现城乡一体化。

江苏省作为我国东部沿海地区较为发达的省份之一,在城乡统筹协调发展方面完全有条件走在全国前列。江苏省城乡统筹发展的总体目标是:在全面建设小康社会、建设社会主义新农村的过程中牢固树立城乡统筹的思想,以统筹的思想引领经济和社会发展。通过户籍制度、就业制度、社会保障制度、财税制度、土地制度等创新,破除城乡分割的二元结构,为城乡居民创造平等的发展空间和发展机会;摒弃重工轻农的错误思想,有效的解决"三农"问题,巩固农业在国民经济中的基础地位,加大对农业的投入,加大工业对农业的反哺力度,促进工农业共同发展;加大对农民的科教投入,充分调动和发挥农民的主动性和创造性,引导农民通过市场谋求发展;加大对农村教育、医疗卫生、社会保障等社会事业的投入力度,农村基础设施更加完善,促进农村的物质文明和精神文明协调发展;充分发挥城市和农村的优势,促进城乡间资金、劳动力、技术等生产要素合理流动和优化配置,高效组合城乡生产要素并实现效用最大化。

第二节　城乡统筹发展的思路和路径

城乡统筹发展是一项巨大而复杂的系统工程,要善于抓住其中的关键,正确处理好各种重点和难点问题,这样才能起到以点带面的效应,也才能在推动城乡统筹发展上取得事半功倍的效果。实施制度创新和政策调整,走中国特色城镇化道路,建设社会主义新农村,这些正是解决城乡问题中的重点和难点,而且这也是城乡统筹协调发展的必由之路。

城乡统筹涉及城市和乡村两个方面,通过建立城乡良性互动机制,实现城乡一体化。借鉴国外发达国家、发展中国家及我国部分城市城乡统筹发展的经验,结合江苏省发展实际,理清江苏省城乡统筹发展的思路,明确城乡统筹发展的路径至关重要,具体路径如下:发挥政府的主体作用、推进城镇化、建设社会主义新农村、规划治理好城乡结合部、推进制度创新和制度调整、制定合理的城乡发展规划。

1. 发挥政府的主体作用

城乡统筹协调发展,涉及思想观念的更新以及政策措施的调整创新,涉及经济发展机制以及增长方式的转变,涉及城乡产业布局和结构调整,是一项复杂的系统工程,要实现城乡统筹发展必须以政府为主导,充分发挥政府的指导作用及调控功能。政府以科学发展观为指导,全面分析城乡发展实际,通过发展规划、制度创新、政策调整等宏观调控措施,改变计划经济体制下的城乡差别发展战略,消除城乡二元结构,促进城乡生产要素的合理流动和优化配置,实现对城乡经济社会发展的科学引导,构建互动、互补、互惠的新型城乡关系,推进城乡经济社会持续、健康、协调发展,实现城乡协调发展。

2. 推进城镇化

江泽民曾指出:"农村富余劳动力向非农产业和城镇化转移,是工业化和现代化的必然趋势。要逐步提高城镇化水平,坚持大中小城市和小城镇协调发展,走中国特色的城镇化道路。"①只有不断提高城镇化水平,促进农村劳动力的合理转移,合理配置城乡生产要素,促进生产力的发展,为城乡居民带来更多公共产品和服务,实现城乡统筹才有可能。城镇化是促使城乡平衡发展、缩小城乡差距的必要出路,不加快城镇化进程就不能从根本上改变城乡二元结构,所以统筹城乡发展,必须加快城镇化进程。

3. 建设社会主义新农村

十七届三中全会强调建设社会主义新农村是今后农村发展的重大历史任务,建设"生产发展、生活富裕、乡风文明、村容整洁、管理民主"的社会主义新农村是新形势下农村经济、文化和社会发展的新要求,也是城乡统筹发展的重要途径。社会主义新农村建设着力于促进农村经济社会发展,着力于提高农民收入,着力于推动农村走生产发展、生态良好的发展道路,是惠及农民的民心工程。

4. 规划治理好城乡结合部

城乡结合部是城市郊区和乡村城市化的产物,是城市要素自内向外扩散、农村要素自外向内集聚的结果。它位于城市建成区与广大乡村地区之间,既不同于典型城市又有异于典型农村特殊的经济地理位置、得天独厚的优势和明显的特征使城乡结合部既是实现城乡一体化、解决三农问题、构建和谐社会的前沿阵地,又是人口管理、土地利用、经济结构、社会秩序和生态环境等问题最多、矛盾最突出的地带。规划治理好城乡结合部,改变其无序发展的面貌,促使其全面、协调、可持续发展,既有利于加快城市化进程及城市扩散效应的有效发挥,又有利于带动农村的社会经济发展,提高农民收入,成为城乡统筹的一个重要环节。

5. 制度创新和政策调整

城乡分割的体制以及城市偏向的发展政策是导致农村发展滞后、城乡发展不平衡的主因,统筹城乡发展是一个长期系统的过程,实现

---

① 《江泽民文选》第3卷,人民出版社2006年版,第546页。

城乡统筹发展作为一个战略被提出，为实现这一战略目标，需打破体制障碍，推进制度创新和政策调整，建立城乡统一的户籍制度、社会保障体系、就业制度、教育制度、财税制度等，消除城乡二元结构，使城乡居民拥有平等的发展空间和发展机会，保障城乡居民平等的权利和义务，改变农村在城乡关系中的劣势地位，对农村、农业、农民制定优惠政策，按照"多予、少取、放活、协调"的原则，为农业的发展奠定基础。通过制度创新和政策调整，形成城乡统筹发展的支撑体系。

6.合理制定城乡规划

把广大农村纳入城市总体规划、土地利用规划、产业发展规划的范畴，增强城镇对农村的扶持力度，促进农村的城镇化；优化城镇和乡村的布局，规划建设好中心村及农民居住点，促进农民的生产生活方式转变，充分发挥规划的指导和引领作用。制定城乡规划要广开言路，保持反映渠道的畅通，广泛地听取各种不同意见，认真研究并加以吸收合理意见，提高城乡规划决策的科学性和民主性。强化城乡规划对城乡空间布局的调控作用，优化城镇和乡村的空间布局，合理的布局生产；优化城镇产业格局，不断壮大城镇实力，完善城镇的功能，增强城镇的集聚和辐射带动作用。

第三节　统筹城乡发展的对策

一、发挥政府功能，创造城乡统筹环境

政府作为统筹城乡发展的主体，首先由市场经济中城市与乡村不平等竞争的客观现实决定。农村对城市的物质资料、劳动力、资本等方面的支持促进了城市的繁荣发展，反过来城市通过扩散效应又带动了农村的发展，城乡通过相互促进，共同发展。市场经济条件下，由于城乡在物质资源、生产工具、生活方式及居民的文化素质等方面存在差异，城市较农村存在优势，农村处于弱势地位，城乡差距的存在不利于国民经济的发展、社会的稳定及社会主义现代化的建设，因此，为缩小

城乡差距,充分发挥城市的辐射带动效应,促进城乡均衡协调发展,政府不得不利用"看得见的手"来统筹城乡发展,构建城乡发展的良性互动机制,政府自觉成为城乡统筹发展的主体。

其次,政府作为城乡统筹的主体是履行自身职能的基本要求。政府不是单一的经济职能政府,也不是仅维护城市居民利益的政府,而应是全社会的公共服务型政府,统筹城乡发展是政府管理社会和公共服务职能的具体体现。目前我国城乡发展不协调,城乡收入差距较大,城乡关系不融合,城乡资源分配不足,城乡间的差距引发了严重的社会问题,因此,政府须从改善自身社会管理和公共服务职能的要求出发,促进城乡统筹发展。

中央提出,"坚持把城乡统筹发展作为全面建设小康社会的根本要求,建立以工促农、以城带乡的长效机制,形成城乡经济社会发展的一体化新格局"。为统筹城乡协调发展,推进城乡经济社会健康发展,政府要认真履行社会管理和公共服务的职能,充分发挥引导、服务和监督管理功能,弥补市场在资源配置方面存在的不利于农业、农村、农民发展的缺陷,全力推进城乡统筹建设工作。

(一)制定统筹城乡发展的战略规划

科学合理的规划是发展的前提和基础,城乡统筹发展涉及经济社会的方方面面,包括城乡发展战略、产业布局、空间格局等,这就要求城乡统筹发展要统一思想,要制定整体、全面、战略性的规划。一直以来,我国只有城市规划,城市规划中不涉及农村,这就导致了城乡分割发展。要促进城乡布局上合理,空间上协调,促进城乡资源的合理流动及高效利用,提高城乡生产力,统筹城乡规划是必须之举。江苏省应加强城乡空间布局的总体规划,将城市中心与周围乡镇、乡村居民居住点作为一个整体,统一编制城乡产业布局、土地利用、空间布局、基础设施等专项规划,建立城乡衔接、设施配套、管理有序的规划体系。产业布局方面,统筹城市工业与农村工业发展,加强城乡间工业分工协作和交流,使城市工业化与农村工业化同步发展。土地规划方面,改革农村土地利用制度,切实维护农民土地权益,通过推进农村社区集体资产的股份合作制度改革,把集体土地所有权明确给农民。小城镇在沟通城乡联系方面发挥桥梁和纽带作用,在城市化进程中发挥不可替代的作用,对基础好的建制镇,应进行科学规划、合理布局,充分发挥小城镇的集聚力、承载力及发展潜力,使小城镇从量的扩张向质的提升转变。

（二）推进制度创新和政策调整

制度供给是政府的职责,在统筹城乡发展过程中必须废除不合时宜的政策制度,改革城乡分割的二元户籍制度及城乡有别的就业制度,推进城乡社会保障制度的建设,构建利于农村发展的金融制度。转变传统的发展观念,走乡互动、工农互促的协调发展道路,使城乡紧密结合起来,不断增强城市对农村的辐射带动作用以及农村对城市的促进作用,逐步改变城乡二元结构,实现城乡一体化发展。

1. 统筹城乡社会保障体系

胡锦涛在党的十七大报告中指出:"加快建立覆盖城乡居民的社会保障体系,保障人民的基本生活。社会保障是社会安定的重要保证。要以社会保险、社会救助、社会福利为基础,以基本养老、基本医疗、最低生活保障制度为重点,以慈善事业、商业保险为补充,加快完善社会保障体系。"目前城市的社会保障体系相对比较健全,农村地区也已经实行合作医疗、养老保险等,但由于农村经济发展水平低以及制度性的因素,农村的社会保障水平低。建立统一的社会保障体系有利于维护社会公平、稳定,提高社会主义新农村的建设水平,促进城乡全面发展。建立和完善社会保障体系,首先要扩大社会保障的覆盖面,社会保障应面向全体社会成员,无论是城镇居民还是农民都应享有平等的社会保障;其次是促使社会保障资金来源的多元化,以解决资金的筹措困难,建立政府、集体和个人的多渠道的筹集资金机制;三是继续做好城镇居民的最低生活保障落实工作,实施农村居民的最低生活保障制度,加快建立农村医疗保险制度、农村养老保险制度和农村居民最低生活保障制度;四是出台并不断完善社会保障法。

2. 统筹城乡金融制度

在城乡分割及计划体制下,城乡实行不同的金融制度,农村金融机构基本上是城镇金融机构的下属,不具有独立性,农村的资金大部分转移到城镇,城乡差别的金融制度扩大了城乡差距。农村金融肩负着农业、农村经济发展,推进城镇化进程,促进农民增收的职能,是农业、农村发展不可缺少的支撑力量。要统筹城乡发展,需建立城乡统一的金融制度。一是深化农村信用社改革,明晰产权和管理责任,采取对农业贷款利息免收营业税、降低所得税率、股份合作等方式,减轻信用社负担,增强信用社的支农能力,建立与农村实际相符的合作金融体系;二是建立政策性的农业保险公司,帮助农民以及农村集体经济有效地避免市场风险以及自然风险,维护投资者及生产者的利益;三是加大扶贫小额贷款的支持力度;四是加快立法工作,规范农村的信贷行为,为农村金融发展营造良好的法制环境。

3. 统筹城乡就业制度

从长远看,解决"三农"问题的根本途径是将农村剩余劳动力向非农产业和城市转移,要实现该目标需统筹城乡劳动力就业市场,消除劳动力转移过程中的制度限制。通过制度创新,促进劳动力顺利有序的转移。由于长期形成的二元结构,城乡劳动力面临不同的就业制度,农民处于劣势被歧视地位,农民在就业过程中面临不公平待遇。不合理的劳动力就业制度限制了劳动力的自由流动,不利于人才的培养及利用,不利于经济发展和社会进步,改革不合理的就业制度,建立统筹城乡的就业制度,形成统一、开放、有序的劳动力市场,是有效解决农村剩余劳动力转移、促进人才流动的必然途径,是政府急需解决的问题。政府应从公平、公正的角度消除户籍制度对就业的附属限制,建立公平、公正的劳动力市场制度,使愿意到城市工作的劳动者都能在公平的条件下得到就业机会,真正实现城乡居民发展机会的平等。建立统筹城乡的就业制度,改革城乡分割的就业制度,制定平等的行业进入制度,实行公平的就业政策;消除农民进城就业的偏见,尊重农民的意愿,尽可能满足农民就业和择业的条件及愿望;引导和规范劳动力就业市场的各种中介服务机构的健康发展,引导农民维护自身权益的意识;严查恶意拖欠和克扣农民工工资的违法行为,制定严格的法律及合同维护农民工的权益,使其不受侵犯。

4.统筹城乡教育事业

目前,城乡教育之间存在较大差距,由于地区发展、经济发展差距的逐渐拉大,城乡教育资源的配置严重不合理,农村教育基础设施明显落后于城市,城市校舍宽敞,环境优美,设施一流,教学拥有多媒体、远程网络等先进的科学技术,而农村地区因教育经费不足,有的学校依然是传统的教学工具,一张黑板、一支粉笔、教师的一张嘴;有的学校不能按照国家的要求在三年级开设电脑课、英语课,直到小学毕业有的学生没接触过英语,对电脑更是一无所知;有的学校没有美术教师、音乐教师,使得孩子在起跑线上就比发达地区的城市孩子具有较大差距。农村教师资源不足,师资质量落后于城市,教师的再教育、福利待遇与城市教师存在差距,城乡教学质量差距明显。教育公平是社会公平的重要基础,教育的不公平不利于国家教育事业的发展,不利于培养优秀人才,不利于农村地区的发展,教育不公平成为亟待解决的问题。统筹城乡教育发展,要加大对农村教育的投资支持力度,完善以政府为主体的多渠道的投入机制;改善农村的办学条件,提高农村教学的硬件水平;提高农村教师的素质及敬业精神,改善教师的福利待遇,培养高素质的教师队伍;加强农村职业技能培训,提高农村劳动力的职业素质及就业技能。

(三)加快新型城镇化进程

2010年一号文件指出,要推进城镇化发展的制度创新,积极稳妥推进城镇化,提高城镇规划水平和发展质量,当前要把加强中小城市和小城镇发展作为重点。深化户籍制度改革,加快落实放宽中小城市、小城镇特别是县城和中心镇落户条件的政策,促进符合条件的农业转移人口在城镇落户并享有与当地城镇居民同等的权益。政府应充分发挥城乡规划的引导作用,大力推进新型城镇化,按照"布局集中、功能紧凑、发展集约、生态友好、合理分工"的要求,构建以城市群为主体、特大城市为依托、大中小城市和小城镇协调发展的新型城市体系。小城镇是城尾乡首,是城乡要素顺利流动的经济网络节点,是建设城市体系的纽带,需加大对小城镇基础设施的投资,加大资金信贷支持;改革和完善城镇的管理制度,创新投融资体制,加大对市政公用基础设施的投资;完善城镇的功能,提升城镇的综合承载力;完善考核指标体系,增强推进新型城镇化的执行力。

(四)发展县域经济

县域作为国民经济的基本单位,土地、资本、劳动力等资源丰富,开发利用潜力大,是市场消费的主力军、就业的重要场所,为江苏的现代化建设作出巨大贡献。县域经济作为城市经济与乡村经济的结合体,对繁荣农村经济、统筹城乡发展、推进城乡一体化发挥重要作用。统筹城乡发展需重视县域经济的发展壮大,发展壮大县域经济,充分发挥各地区的比较优势,确定优势产业和支柱产业,集中人才、资金和技术进行研发,形成产业的集聚效应;实现小城镇建设与专业市场、乡镇工业园区建设的有机结合,形成专业化分工明确、社会化协作力强的企业群及特色产业集聚区,发展特色块状经济,提升农村工业化与农业现代化水平;调整农业产业结构,发展优质、高效农业,逐步形成地区性的特色农业产业,发展农产品加工业以实现农产品增值;扩大劳务量输出,将不断壮大县域经济作为转移农村剩余劳动力的重要途径,作为城乡协调发展的切入点。

二、创新城乡统筹发展机制

统筹城乡发展,必须构建城乡统筹发展的新机制,必须彻底破除城乡分割的二元社会经济体制,切实纠正城市偏向和财政偏向,促进公共资源在城乡之间均衡配置、生产要素在城乡之间自由流动,给农民以公平的国民待遇、完整的财产权利和自由的发展空间,推进城乡互动、城乡交融的城市化进程。

(一)构建城乡统筹的规划先导机制和协调机制

科学规划是依法行政和统筹城乡发展的基础工作,必须强化规划的先导性、协调性、严肃性,构建起规划的先导机制和协调机制。当前,应按照"综合性、科学性、创造性、示范性"的总体要求,抓紧编制或修编江苏省城乡发展总体规划,并以其统领产业发展规划、土地利用总体规划、城镇与乡村建设规划、基础设施建设规划、社会事业发展和公共服务能力建设规划的编制或修编。在城乡统筹发展实践中,坚持以科学指导规划,以规划指导行为,以规划协调发展。

要强化各规划间的对接与协调,在江苏省总体规划指导下,设计科学合理的城乡建设、基本农田、产业集聚、生活居住、生态保护等空间布局,大力推进工业向园区集中、人口向城镇集中、居住向社区集中、土地向适度规模经营集中。目前应重点规划完善城乡交通体系,推动公共交通向乡村延伸;规划完善"中心城区—城镇—农民社区"公共服务设施配套体系;加强小城镇和农民集中居住点规划的编制与投入等。

(二)构建要素的合理流动机制

资源要素是否具有流动性已经成为现代社会发展过程中衡量体制优劣、成熟的重要标志,合理的要素流动机制能够改善资源配置结构、实现资源有效整合。因此,促使要素科学、有序、合理流动,将有利于经济结构、社会结构的合理和优化;有利于激发社会活力,促进社会发展。

1.构建合理、公平的土地征用机制

推进农民集体所有土地的物权化、股权化,让农民分享城市化、工业化过程中的合理经济效益。目前,在江苏的不同地区仍存在着征地补偿过低,对失地农民安置办法没有解决其后顾之忧和长久生计等问题,这在一定程度上又加剧城乡矛盾冲突。政府必须严格土地征用制度和土地征用程序,提高征地的补偿标准,完善征地配套机制,将失地农民的养老、医疗、就业、生活统一纳入城镇社会保障系统,构建失地农民就业培训、创业培训机制。

对政府重点工程、公共事业建设用地,可以通过国家征用土地的途径获得土地使用权,但必须参照市场交易价格,大幅度提高土地补偿费、安置费标准。而对非公益用地需使用农村集体土地、又符合土地利用总体规划的,不再实行政府先征地、再出让的办法,而是在土地流转中介服务组织参与协调基础上,由工商企业和土地所有权主体谈判决定补偿标准和方法。在依法办理农用土地转为建设用地后,容许农村集体建设性用地进入土地一级市场,将进入土地一级市场的村集体建设用地股份化,让农民分享收益,增加农民的土地财产性收入。在土地利用规划确定的城镇建设用地范围以外,经批准占用农村集体土地建设的非公益性项目,允许农民依法通过多种形式参与开发和经营,保证农民长期受益。

2. 构建公平、自愿的农地流转机制

依托农业产业化的发展,围绕农产品基地建设、订单农业发展、种植结构调整的要求,让农户在市场利益机制的引导与调整下自觉自愿地进行土地合作与流转,促进土地的整合配置,提高土地的利用率和产出率,提高农产品优质率和商品率。

依托江苏土地股份合作社快速发展的良好基础,以土地股份合作社为组织载体,充分利用其外联市场、内联千家万户的作用,吸纳农户入股,推进土地股份合作化流转。坚持把推进土地股份合作与推进高效农业规模化有机结合起来,以土地的股份合作促进规模经营,促进高效农业的规模化发展,用先进生产关系的调整去适应和促进生产力的发展。

完备土地流转机制。在已有的土地流转合同规范管理基础上,健全土地流转综合配套的长效机制。先行完善农民的社会保障体系,以农村社会保障网络的完善和利益有长久保障的流转方式破除农户土地流转的种种顾虑。进一步完善农村承包土地流转登记制度、流转抵押制度,建立土地价格评估的指标和机构体系,建立统一管理的乡镇土地流转仲裁机构,完善中介服务组织。

推进农村宅基地使用权流转改革。必须突破相关禁区,只有允许宅基地使用权与农村住房所有权一起流转,才能解决农民房产的上市以及农民住房抵押贷款的一系列问题。将农村宅基地买卖权和抵押权归还给农民,才能真正有助于农村劳动力的转移以及农业内部劳动力的土地资源整合和生产性融资。

3.构建城乡一体的就业统筹机制

(1)建立产业发展带动就业机制。推动城乡统筹就业,重要的就是要为劳动者提供足够的就业岗位,大力促进第二、第三产业的发展是推动就业的重要途径。尤其要大力发展第三产业,鼓励劳动者自主创业。鼓励工业园区、开发区企业吸纳周边劳动力就业,在同等条件下适当照顾农民工就业。大力推进乡镇工业集中区建设,以集聚效应带动乡镇服务业发展,以乡镇二、三产业发展促进城镇化发展,以农村工业化和城镇化拓展农村劳动力就业的巨大空间。

(2)建立城乡统筹就业管理制度。彻底废除针对农村和外来劳动力的就业限制,使城乡就业真正做到坚持同一政策,落实同一待遇,提供同一服务,构建同一平台,逐步缩小和消除劳动者城乡就业的差别,实现平等就业。构建起以完善的就业政策、组织保障、劳动力市场、就业培训、就业援助等为主要内容的城乡一体化就业体系。

(3)建立覆盖城乡的公共就业服务体系。加强创业服务平台建设,在劳动力资源调查基础上,建立城乡统一的劳动力资源数据库,打破城乡劳动者和用人单位间的信息屏障,建立起跨地区就业劳动力管理信息沟通机制。完善街道、社区、乡镇公共就业服务网络布局,将就业信息、培训信息、政策咨询和职业介绍等公共就业服务延伸到农村最基层,为城乡劳动者就业、再就业、转移就业提供有效服务。

(4)建立针对农民就业的财政补贴机制。一方面,政府应加大资金投入,将农村劳动力培训和咨询以及职业介绍费用等纳入财政预算;整合现有职业教育资源,建立农村劳动力培训基地,提高资金的利用效率;另一方面,各级财政在促进就业资金中,增加农民工公共就业服务补贴资金,增加对农民工流出流入较多县(市)的转移支付,用于农民工培训补贴。同时通过专项资金或培训项目的方式对各县(市、区)农民培训工程给予足够的财政扶持。

(5)完善劳动用工管理制度,维护城乡劳动者权益。一是要完善制度,实行统一的劳动合同,积极推进劳动关系协商机制建设,建立农民工工资监控保障机制;二是要加强监察,探索维权机制,保障农民工权益。将劳动保障监察网络向农村延伸,形成对劳动者和用人单位全覆盖、全方位、全过程的动态监督检查机制,促使用人单位规范用工行为,创造稳定的就业环境,吸纳更多城乡劳动力稳定就业。

4. 建立务实、有效的农技推广服务机制

强化财政对农技推广服务的扶持机制。增加财政对适应性农业生产技术推广的扶持,特别是对重要农作物有明显的增产、增效作用的良种应用、科学用肥、模式化栽培、病虫害防治、节水灌溉等技术的推广进行扶持;增加对农民教育和技术培训的投入,广泛开展农民的职业教育和技术培训,提升农业经营者生产技能;保障农技推广的机构及人员经费。

构建农技人员直接进村入户的农业科技推广服务模式与长效机制。改变目前农技服务形式基本以散发资料、电视广播为主的模式,在广大农村地区完善基层农业技术推广服务机构设置和条件支持,设置农村科技服务站和专家工作站,形成人员稳定、机制长效的农村科技推广服务模式。

5. 构建科学、高效的资本流动引导机制

构建外来资本的项目化引导机制。继续做好招商引资工作,以"税收贡献大、安排就业多、环保效益好"为原则,将投资以项目化方式导入本地主体产业以及"三新"产业,导入农产品深加工领域,导入金融、信息、物流等服务领域。

构建以财政扶持为主要表现形式的导向机制。放宽金融管制,积极扶持和引导农村金融创新,壮大农村增量金融的支农力量。对既有的农村资金互助合作社组织、农村小额贷款公司等给予财税政策上的扶持,以政策行动的示范效应引导各渠道资金的积聚与流向。

强化财政支农手段与财政资金的合理配置。本着有所为有所不为的原则,服务于城乡统筹发展大局,服务于江苏省及地方产业发展规划,服务于现代农业发展,服务于农村经济社会各项事业发展,以财政专项资金、转移支付、财政贴息、财政投融资方式引导金融资源的流动。

（三）构建协调、联动的产业统筹机制

城乡产业协调发展是城乡统筹发展的重要基础,城乡协调发展必须要以产业发展为基础,合理布局城乡产业结构,通过深入开展城乡产业协作,加大对县(市、区)域经济发展的支持、辐射和带动。县(市、区)域也要根据城乡协调的要求,与江苏省总体发展规划实行产业对接,在大力推进现代农业建设的同时,加快发展二、三产业特别是各种服务业,把乡镇、乡镇工业集中区建设成人口、产业和市场的集聚点和城乡的连接点,创造大量的就业机会,形成新的经济增长点,逐步缩小城乡差距。

1. 优化农业产业结构,构建现代农业产业体系

（1）优化农业结构。大力发展高效农业,重点围绕高效蔬菜、花木茶果、优质畜禽、特色水产等,加强高效农业区域板块建设,形成规模优势、集群优势、特色优势。例如扬州市应大力发展创汇农业,积极发展优质稻米、特种水产、宝应荷藕、高邮鸭、扬州鹅、扬州包子、花木盆景等产业。大力发展观光农业,规划建设一批具有观赏、品尝、购物、农作、文化娱乐、乡土文化欣赏等功能的各具特色的现代农业、农村观光园区,为城乡居民提供休闲娱乐服务;要依托高邮湖、邵伯湖、宝应湖、登月湖、江都水利枢纽工程等旅游景区、度假区、生态农业产业带,发展观光农业区,使观光农业成为旅游业的重要组成部分。大力发展生态农业,根据扬州自然资源禀赋,因地制宜地构建沿江、滨湖、里下河和丘陵现代生态农业区板块。

（2）推行农业标准化生产。鼓励和发挥县、市及省级以上农业龙头企业的示范与带动作用,帮助科技示范户和种养大户实行农业标准化生产,示范带动标准生产技术推广,扩大无公害食品、绿色食品、有机食品等优质农产品产地认证和产品认证,进一步提高农业标准化生产水平。进一步加大投入,支持提高农产品质量安全水平和市场竞争力。

（3）推进农业产业化经营。要创新组织形式和经营模式,鼓励支持各农业经济体开展技术引进和技术改造活动,积极落实扶持农业产业化经营的各项政策,引导龙头企业与农户建立紧密、合理的利益联结机制,培育、壮大、全市农产品加工产业集群。支持农产品加工企业建立生产基地,优化"企业＋基地＋农户"带动模式,促进规模化生产,推进集约化经营,切实带动广大农民增收。

（4）大力推进农民专业合作组织建设。充分发挥农村合作组织的载体作用,重点扶持土地合作社等各类农民专业合作组织加快发展,充分发挥其"纽带作用、桥梁作用",以组织化推动标准化生产、规模化经营,更好地促进农村经济发展和农民增收。

2. 推进城市大工业支持与农业产业升级互动机制

农业发展的核心阶段是产业化阶段,最有效的措施是城市大工业参与农村的产业化,动员和鼓励工业资本等各类资本投向农业,扶持龙头企业,培植主导产业,才能更有效地提高农业产业化水平。

加快农业产业化步伐,鼓励城市工商资本、民间资本和外资等社会资金投资于农产品加工业。通过各种优惠政策大力扶持发展农业产业化龙头企业,无论何种所有制和经营形式的龙头企业,只要能带动农户,与农户建立起合理的利益联结机制,给农民带来实惠,都在财政、税收、金融等方面一视同仁地给予支持。通过贷款贴息、奖励基金、扶持基金等多种形式,扶持县、市及省级以上农业龙头企业不断做大做强。在加快农产品加工业发展、推进农业产业化经营的同时,重点抓住培植龙头企业这个核心,积极推广"公司＋合作社＋农户"、"公司＋基地＋农户"模式,通过"订单农业",引导和带动生产基地建设,带动农户生产方式和经营理念的转换。

农业产业的升级将构成农业的企业化经营模式,孕育农村的工业化发展,带动小城镇内生发展,从而又为城市大工业、服务业向农村延伸拓展巨大的市场空间。

3. 强化产业关联,构建产业融合机制

（1）构建农业与非农产业融合机制。实现农业与其他产业的融合可以通过以下方式进行：一是通过生产要素整合实现产业融合，用现代技术和管理来改造传统农业，用土地等固定生产要素去吸纳流动生产要素，实现农业生产由手工生产转向机械化和科学化的生产；二是通过产业链延伸和拓展实现融合，即通过引入制造加工部门的技术和经营理念，实现农业机械化、工厂化的生产，并对农产品进行深加工，提高农产品的附加值；三是通过组织制度创新实现融合，即通过公司制、现代企业制度形式来改变一家一户式的小农生产方式。通过规模生产和集约生产来实现农业与其他产业的融合，在产权明晰的前提下构造出一批竞争力、带动力强的龙头企业和企业集群示范基地。

（2）构建工业内部融合机制。以要明确发展重点，构建工业内部发展格局，即大力发展石油化工、汽车船舶和机电装备三大支柱产业，着力扶持新能源、新光源、新材料为代表的绿色"三新"产业，用先进适用技术改造提升玩具、制衣等传统产业；二要突出发展产业集群。把发展产业集群和壮大县域经济与乡镇工业集中区建设结合起来，尽快出台配套扶持政策，围绕基础设施集中，引导生产要素集中，带动上下游配套集中，以凸现"集聚效应"；三是要大力提高产业水平。强化自主知识产权和核心技术培育，把科技进步、增强企业技术创新能力作为促进支柱产业、传统产业结构优化的主要手段，推进产业高端化、产业自主化；四要以集群发展理念推动产业链式化。一方面，须积极构建同类型产业的区域间、园区间、企业间、产业链上中下环节间的联系、交流、协调、合作机制，真正形成分工与协作关系，构筑利益共同体；另一方面，乡镇工业集中区要围绕地方主导产业，结合乡镇基础，确定各自的重点产业加以重点培育，在既有基础上构建与地方主导产业、特色优势产业的关联度，形成合理的分工协作格局，拉伸壮大主导产业链、特色产业链。

（3）构建生产性现代服务业与一、二产业的融合机制。现代服务业与一、二产业发展密不可分，大力发展生产性现代服务业可以为工、农产业发展提供更为广泛的支撑。基于生产性服务业呈现产业融合和服务外包的趋势，结合目前江苏省的产业特点，着眼于服务高效农业园区、开发园区以及工业集中区的集聚发展,应大力发展现代农业社会化服务体系;积极发展现代物流业、金融业、科技服务业、信息服务业、旅游业、特色房地产业等。通过现代服务业,将一、二产业"串联"起来;通过现代服务业对一、二产业各环节的渗透,可以强化一、二产业内部纵向联系和相互间横向联系。

（四）构建公共资源向农村流动的倾斜机制

要实现城乡统筹发展,从公共资源的配置角度,必须体现出对农村公共资源配置长期缺位以及受歧视待遇的补偿,调整和优化财政支出结构,加大对农业、农民就业和社会保障、农村社会事业、农村基础设施、生态环保等民生投入。以财政支出结构调整和引导国民收入分配结构优化,构建起向农村倾斜的投入机制,逐步提升财政对公共服务特别是农村基本公共服务的保障水平。

1. 以启动需求、拓展市场为动力机制

目前,城乡居民的收入差距仍呈扩大趋势(江苏也一样),已经形成了制约经济增长的恶性循环:工农业、城乡差距扩大——农民消费水平低——内需不足——制约社会经济进一步发展——工业无力实现对农村的支援、快速吸纳农村剩余劳动力——农业劳动生产率提高缓慢,农民收入难以提高——工农业、城乡差距进一步扩大。这一恶性循环不依靠外力无法打破,必须发挥政府作用,进行财政扶持。因此,应加大支农惠农力度,加大补贴、转移支付力度,加大财税对农村医疗、教育等方面的支持力度,改善农村消费环境,减轻农民生产生活负担,提高农民消费能力。

只有大力增加财政的支农投入,构建公共资源向农村流动的倾斜机制,大力发展农村基础设施建设和各项社会事业,尽快改善农村生产、发展环境,才能引进外部二、三产业资源进入农业、农村领域,才能扩大农村劳动力就业机会,增加农民收入,提高农民消费能力,从而启动农村消费市场。

2. 以公共服务均等化原则为保障机制

基本公共服务均等化是城乡统筹发展的本质要求。基本公共服务均等化,意味着全体社会成员,都能享受到有制度保障的最低标准的基本公共服务;基本公共服务的差距控制在社会可承受的范围内,促进社会公平正义。基本公共服务均等化的重点在于提高农村的基本公共服务水平,为广大农民提供基本而有保障的公共服务,实现城乡基本公共服务均等化。城乡基本公共服务均等化,不仅是广大农民的内在要求,也是进一步提高农业生产水平、确保农村社会和谐稳定的重要基础;因此,必须以公共服务均等化作为江苏省城乡统筹发展的重要原则,改革城乡二元的公共服务制度安排,构建公共资源向农村流动的倾斜机制。通过调整公共支出结构,加大农村公共服务支出比重;通过完善和规范转移支付制度,加大对县(市)一般性转移支付的比重,实现市、县(乃至乡镇)政府公共服务责任与财力的均衡。通过对农村基本公共服务的倾斜改变城乡基本公共服务的严重失衡格局,并使广大农民能分享经济社会发展的成果。

3. 加快构建公共财政体制

基本公共服务均等化是财力与制度的结合,制度要改进,财力也必须跟上。必须按照公共服务均等化的要求,深化财政体制改革,健全公共财政体制。

(1)建立财政支农资金稳定增长机制。坚持"三个明显高于",即当年财政支农投入的增量明显高于上年,政府固定资产投资用于农村的增量明显高于上年,政府土地出让收入用于农村建设的增量明显高于上年。按照市、县(市、区)财政预算内支农资金当年预算安排数增幅要明显高于一般预算安排数增幅,预算内固定资产投资优先投向农业基础设施和农村民生工程的要求进行审计监督。另外,耕地占用税使用方向应主要用于"三农";调整城市维护建设税使用范围,在乡镇范围内征收的基础设施配套费全部返还乡镇,用于小城镇建设。各地城市维护建设税新增部分主要用于村镇规划编制、基础设施建设和维护。

(2)调整财政投资结构和方向。实现财政投资重点向农村,向社会事业、科学技术、环境保护和生态建设等方面的转变。重点支持农村沼气、农村公路、饮水工程、电网改造、农田水利等直接改善农民生产生活条件的基础设施建设,支持公共卫生、教育、文化、科技、环境保护和生态建设等社会事业。财政投资结构和方向的调整中要加大财政支农项目和资金整合力度。

(3)健全财力与事权相匹配的财税体制。明确界定县(市、区)、乡(镇)两级政府的事权,适度调整地方财税体制,保障基层财政获得与事权相匹配的财权。

(4)建立和完善财政转移支付制度。为了保障城乡之间基本公共服务均衡发展,必须强化市财政转移支付对于公共服务均等化的作用。市级财政一般性转移支付应加大对财政困难乡镇的支持力度,增强基层政府提供基本公共服务的能力,促进全市城乡、地区之间协调发展。

(5)鼓励民间资本参与提供农村公共品服务。要在加快建设服务型政府的同时,制定各种政策鼓励民间资本通过多种形式参与农村公共品服务,补充政府供给的不足,实现公共产品供给主体的多元化。

(五)深化社会事业均衡发展的一体化机制

从政府职能来说,城乡统筹发展应主要体现在建立城乡统一的公共产品和服务供给制度上,使农民拥有与城市居民同等的享受公共福利的机会和权利。因此,江苏省目前应该建立起与公共财政体制框架相符合的政府职能体系,加快构建城乡社会事业均衡发展的体制机制。

1. 构建城乡社会事业一体化的管理体制

从城乡社会事业一体化的角度出发,充分发挥市、县、乡各级政府、各个部门、各个地区的相互合作,相互协调的统筹功能,建立统筹规划、统筹预算、统筹资产、统筹人事的城乡社会事业一体化管理体制。

2. 构建城乡一体的教育体制

大力推进城乡教育均衡发展,提高城乡教育发展水平。提高农村中小学办学条件,探索城乡义务教育管理体制并轨,实行统一规划、统一建设标准、统一工作调配、统一教育教学管理;通过多种激励措施和便捷手段,推进城市优质教育资源的"下乡"。建立覆盖城乡的统一的职业教育培训体系和推动高等教育发展的促进机制。

3. 构建城乡一体的医疗卫生体制

在完成农村社区卫生服务中心和社区卫生服务站标准化建设的基础上,强化农村三级预防保健网络建设,提高城乡公共卫生服务能力;完善市区中心医院与县(市、区)、乡(镇)医疗服务机构的对接与帮扶机制,探索引进社会资本举办经营性医疗机构、参与城乡卫生体系建设的新机制。

4. 构建城乡一体的社会保障体制

完善农村新型合作医疗制度和农民养老保险制度,进一步加大财政对农村社会保障的支持力度,按照"多层次、广覆盖、可转移"的原则,建立健全符合农村生产和生活实际、保障标准合理的农村基本养老保障、大病医疗保障、最低生活保障和更加广泛有效的农村社会救助制度,积极推行"土地换社保"试点工作。积极探索和实践城乡社会保障互相衔接和转移接续的有效机制,逐步建立城乡全面覆盖的社会综合保障体系。

5. 构建多元化的城乡社会事业发展投融资体制

在公共财政体制的财力保障的同时,还应大量地引入民间资本,采取政府与私人共同提供或由私人单独提供,政府在政策上给予优惠和经济上适当补贴的方式,多方面筹集资金。发挥财政投入的带动、引导作用,最大限度地调动民间资金,如在农村医疗卫生、基础设施建设和城镇建设中,财政投入可作为基本启动资金,起到示范和引导作用,通过完善投入回报体制,提高民间资金、社会资本投入的积极性。

(六) 合理引导,推进农村金融创新

解决资源配置问题是解决"三农"问题的关键,农村金融制度是农村经济发展中最为重要的资本要素配置制度,农村金融发展对农村经济发展尤为重要。推进农村金融创新,对于江苏省城乡统筹发展意义重大。

1. 构建农村金融市场的多元主体竞争机制

目前,农村金融组织体系虽在形式上具备较完整的结构,具备政策性金融、商业金融、合作金融;但农发行"高悬"于农村,目前正处于改

革的十字路口;农业银行大踏步收缩后已"远离"农村;真正服务于农民、农户金融需求的金融供给主体极其单一的现实不可否认,这与农村多元化、小数额、高频数、巨额总量的融资需求极不相称;且因自身经营管理、内部治理等不足,目前江苏各农村信用联社也面临着改革问题。

基于江苏省农村金融组织体系的现状,应着眼于组织体系重构,放开市场准入,注入新的生机与活力,打破农村"金融抑制"的格局,因地制宜地推动农村金融组织创新。积极推进各农村信用联社的改革,引导组建农村股份制商业银行、合作银行;农发行应围绕农业综合开发、高效农业、生态农业等项目积极开拓政策性业务;加快推进村镇银行试点工作。通过各种政策措施丰富农村金融服务供给主体,加强服务与规范管理,努力优化地区金融生态环境,并以此进一步引进其他大型金融机构进驻扬州,鼓励和吸引各商业性金融机构向农村伸展网点和业务,支持和鼓励民间资本乃至外资到农村投资,开办金融机构和金融业务。从而真正在广大农村形成多元化的金融主体、多元化的金融业务、多元化的金融产品与服务,并真正构成多元的竞争态势,农村多元化的经济主体多元化的金融需求一定能得到满足。

2. 构建农村金融发展的政策扶持机制

(1)利率浮动机制。可以通过争取地区试点等方式,给予各金融机构开展农村金融业务一定的利率空间,农户"能够获得资金的支持比优惠利率更重要"[1],因此,一定区间的利率浮动并不会影响农民的贷款需求。给以相应的利率政策,是农村金融机构持续经营的关键。

(2)优化农村金融生态环境。加快农村征信系统建设,以县域为单位,以企业信用为重点,以个人信用为基础,加快构建农村征信系统;推进信用村、信用户、信用社区、信用乡(镇)的创建进程,增强农村社会经济生活的信用氛围。建设企业信用等级评定、资产验资、资产评估等中

---

① 发展中国家农业金融的国际研究结论基本一致:农户对贷款利率并不敏感,能够获得资金的支持比优惠利率更重要。

介机构;客观公正地协调和处理金融机构与企业之间的债务问题,维护金融部门的利益。积极组建政策性、商业性和互助性等多种形式的担保机构或基金,构建以担保为基本条件的农村金融业务保障机制。另外,政府也要做好与农贷配套的技术、信息、咨询等服务。

(3)财政补偿机制。① 政府部门可通过税收优惠、利差补贴、提供低息贷款资金、提供担保等直接对农村金融补贴的方式,改善农村融资环境,同时增强农村金融机构抵抗风险的能力和信用创造功能,发挥对经济资源的组织和调节能力。② 以财政贴息、金融机构税收减免等方式,把扶持农业、农村经济发展的补贴和保护政策,更多地由农村金融通过降低利率、改善贷款条件、增加信贷额度、扩大贷款范围等措施,以市场的方式,间接地进行补贴和扶持,从而有效提高财政扶持资金的使用效率。

3.完善农村金融业务的担保机制

积极推进农村信贷担保体系建设。建立市、县财政投资入股或补贴的担保公司,在担保总额中明确一定比例为涉农贷款提供担保;在各县(市)、乡镇组建起专业性农业贷款担保机构。

在国家法律框架内,通过地方性法规条例来明确和扩大农村有效担保物范围,全面推进农村集体建设用地使用权质押贷款试点,探索以农民宅基地使用权、土地承包经营权、水面承包经营权、合作组织股权、与龙头企业的订单、农产品销售合同等进行质押贷款的方式;农业机械、禽畜产品、农产品等进行抵押贷款方式。积极倡导农户联保贷款、农民合作组织保证贷款等信贷方式;建立农民创业贷款担保基金,专门用于农业贷款的担保,解决农民有效抵(质)押品缺失的问题。

三、建设社会主义新农村

城乡统筹发展建设社会主义新农村是解决城乡发展过程中存在问题的根本举措,是有效解决"三农问题"的根本途径。建设社会主义新农村具有重要的战略意义,农业的增产、农民的增收关系到农业稳定以及农民生活水平的提升,建设社会主义新农村为农民提供平等的发展机会,扩大农民的就业空间以及增收渠道,增加农民的收入,缩小城乡间的差距,发展成果由农民共享,实现共同富裕。

目前,江苏农业面临资源短缺、科技含量低等问题,农业的生产效率低下,现代化程度不高,通过建设社会主义新农村,支持农业的现代化发展,推进农村、农业的经济结构调整,加大农业的科技推广力度,提高农民的职业技能和素质,提高农业的综合生产能力,进而逐步实现农业现代化。建设社会主义新农村,从根本上解决三农问题,统筹城乡协调发展,促进城乡共同繁荣发展。

(一)发展现代农业,走中国特色、江苏特点的农业现代化道路

农业现代化道路是以建立环境友好型与资源节约型农业为指导,以保障农产品供给、增加农民的收入、促进农业可持续发展为目标,以提高农业的劳动生产率、资源产出率为途径,以现代化的科技和装备为支撑,在家庭承包经营的基础上以及市场机制、政府有效调控的作用下,建成农工贸紧密衔接、产销一体化、多功能的产业体系。[①] 走江苏特点的农业现代化道路,按照高产、高效、优质、生态的要求,积极推进农业的规模化、产业化、信息化,加大农业的科技推广,提高农业的机械化水平、综合生产能力、市场竞争力;开展粮食的高产增效活动,积极的发展优质稻米、专用小麦,推广粮食的高产技术,提高粮食的单产量和效益。发展高效设施农业,加快设施园艺的提档升级,创建实施园艺的标准园,推动高效蔬菜、花卉、水果、高档茶叶、食用菌等的设施化生产;推进生猪、家禽、奶牛等的标准化养殖,发展特色畜产品,发展特色水产业,改造标准化鱼池、渔船,加快渔港的建设;建设现代农业产业园区,特色产业基地及农业示范区,增强其示范带动效应,大力发展无公害的有机绿色食品,加强农产品的品牌建设,确保农产品的质量安全。推进农业的产业化经营,发展农业优质特色产业,重点扶持一批产业关联度大、市场竞争力强、辐射带动面广的农业龙头企业,培育一批有

---

① 马军显:《城乡关系:从二元分割到一体化发展》,中共中央党校,2008年,第125—126页。

特色、有规模的农产品加工集中区,发展壮大农产品精深加工业,到2015 年农产品加工业产值与农业总产值之比达到 1.6︰1,建立以农产品批发市场为核心、农贸市场为支撑、大型超市为平台的农产品流通市场体系,发展农产品电子商务、连锁配送,促进农产品的高效流通。

1. 树立农民主体意识,提高农民素质

胡锦涛曾深刻指出广大农民群众是推动生产力发展的最活跃、最积极因素。充分发挥广大农民群众的主体作用,是建设社会主义新农村的关键。社会主义新农村建设是为了农民,依靠的主体是农民,树立农民的主体意识、提高农民的素质就成为建设社会主义新农村的关键。让农民成为新农村建设的主体,充分尊重农民的意愿,激发农民建设新农村的信心和决心,发挥农民的主动性和创造性,摆脱过去行政推动的强制性、命令式的工作作风,这也符合"多予少取放活"的农村改革方向。目前,江苏省特别是苏北地区的农民缺乏主体意识,不能充分的认识自身是建设社会主义新农村、统筹城乡发展的主体,缺乏对农村公共利益、公共事务的自觉认同,参与新农村建设的主动性不强。因此,农民应树立主人翁意识,积极参与农村的社会事务。

增强农民的职业技能及素养。发达国家的成功案例表明增强农民职业技能及职业素养是提高农民生活质量的重要保障,是统筹城乡协调发展的必要途径。造成城乡居民收入差距的主要原因是农民的收入增幅较慢,农民的收入主要来自家庭经营性收入,其次是工资性收入,农民的职业技能提高了,无论是家庭经营还是外出务工,都能较好的提高其收入。随着农业生产率的提高,工业化和城市化进程的加快,江苏省面临农村剩余劳动力的转移问题,要实现劳动力的转移,一方面要拓宽农村剩余劳动力的就业转移途径,挖掘农村的增产增收的潜力,扩宽农民的增收致富的渠道;另一方面要提高农民的职业技能及职业素养。加大农村的教育投入,完善农村的教育结构,重视农村的义务教育;开展职业技能培训,对农民的种植、养殖技能进行培训,对于外出务工农民进行多种形式不同程度的职业技能培训。

2. 加强农村的组织引导作用

完善农村专业合作组织。江苏省的农村专业化合作组织程度低而且规模小,农民分散经营,参与度低。一是在农村普及专业合作组织的重要性及意义,增强农民的认同感,提高农民的参与积极性;二是制定相关法律法规,在注册及税收等方面给予一定的优惠,促进专业合作组织的规范化及规模化运营;三是加强农村专业合作组织内部的管理和引导,通过高等院校、职业技术培训学校等机构对专业合作组织的管理人员进行业务培训,提高他们的业务素质和管理水平。

发挥乡村治理机制。一是增强农村基层组织的集聚力、创造力和新生力,提高农村干部的队伍素质,加强农村的民主自治建设,江苏省实行的大学生村官,极大的充实了农村领导干部队伍;二是维护农民的民主权利,深入开展普法教育、村务公开民主管理,推动农村公益性设施建设;三是转变职能,建设服务型干部队伍,将农村教育、农村就业、农村医疗等工作落实到位,保证其能有效实施,定期更新政务公开信息,为农民提供就业信息和技术指导,真正起到政府与农民、城市与农村的沟通桥梁作用。

(二)加快农村基础设施建设,促进社会事业发展

一方面加强农村经济性基础设施建设,加大农田水利、邮电通讯、交通等基础设施建设的力度。农田水利等固定资产建设对农业生产经营状况有很大影响,完善的水利建设有利于农业的生产灌溉;道路交通设施是城乡联系的纽带,也是城市发挥集聚效应和扩散效应的重要途径。因此应加大财政支持力度,支持农村电信、互联网基础设施的建设,推进农村信息化建设,扩宽资金筹集渠道,改善农村地区的交通状况,不断改善农村居民的用水用电条件;另一方面,加强农村社会性基础设施建设,建立促进农村教育、文化、卫生等社会事业发展的公共财政体制,改善农村公共财政缺位现状。加大对农村基础教育的投入,完善农村义务教育的管理体制及投入机制,提高农村居民的教育水平,开发农村高素质劳动力资源;增加对农村医疗卫生的投入,提高农村医疗卫生事业水平,改善农民的看病难、看病贵等问题;加大对农村文化、科技服务、资源环境保护的投入,为农村居民营造干净整洁、文化

氛围浓厚的居住生活环境。

四、缩小区域差距，促进区域协调发展

（一）明确发展重点，发挥合力优势

江苏省经济社会发展的区域差异较明显，苏南、苏中、苏北的城乡统筹发展，需根据不同区域的经济基础、产业特征、政策导向等，有针对性的制定发展政策，确定发展重点，同时各区域充分发挥合力优势，以实现共同发展、共同繁荣。

苏南地区的城镇化水平的上升趋势逐渐放缓，组团似的城市建设模式比较普遍，城市对乡村的辐射带动也由单纯由量的扩张转变为偏向内涵与质的提升。[①] 当前及今后一段时间，苏南地区的城乡协调发展重点一是以市场为导向，以企业为主体，充分发挥政府的引导作用，以改革开放及科技进步为动力，加快企业的转型升级，创新企业发展模式，增强发展活力，转变经济发展方式，提高苏南地区在江苏乃至全国市场的竞争力，强势发挥优势产业在工业化进程中的龙头带动作用，带动全省的工业化进程；二是做好城乡规划，苏南因乡镇企业起步较早，小城镇较为迅猛，乡村发展有一定的基础，为满足农民的实际需求、提高农民的生活质量的要求，苏南地区需规划城市的功能定位与空间布局，做好城区规划的同时，还要做好市域发展规划、城乡发展规划，以形成城乡布局合理、功能互补的新格局。苏南地区的小城镇起步早、发展快、对农村的带动效应强，小城镇的发展对吸收农村富余劳动力起着至关重要的作用。在农村地区要为农民进入城镇提供完善的服务，针对部分乡镇合并后农村的行政管理及社会职能的弱化、农村社会事业的萎缩等问题，也要采取措施扭转局面。此外，还要提供部分中心镇集中新村的规划建设标准，实现新型农村的聚落建设与城市化的有效对接。

---

① 江苏省城市规划设计研究院：《江苏不同经济发展区域城镇空间布局和发展模式研究》，江苏城乡建设事业重点研究软课题，2004年，第132—133页。

　　苏中地区城市化进程加快发展,且处于工业化中期,具备统筹全区加快发展的基础,当前南北联动(联动建设基础设施、联动开发产业园区、联动发展沿江产业等)的发展趋势已成为统筹区域发展的强劲动力,是苏中地区融入苏南地区并实现互动发展的重要途径。苏中地区农业生产水平高,建成了发展基础良好的农村专业经济合作组织,形成了一批具有特色的农业生产基地和产业带,提高了其科技水平、产业化水平,促进了城乡协调发展。当前及今后一段时间,苏中地区在发挥优势继续加快发展的同时,应在重要发展领域求突破,以非均衡发展的方式培育具有区域带动效用的增长级,例如创建中心城市和重点中心镇。在全国、全省统筹城乡发展的大背景下,苏中地区要更好地发挥承南启北的作用,一方面要完善南北合作的运行机制,积极地承接苏南地区就业容量大的劳动密集型产业、资源附加值高的产业、利于形成产业集群的龙头项目的转移,同时推动这些产业、项目向苏北地区转移,重视财政转移支付的经济调节作用,对苏北的基础设施以及公共设施建设提供资助;另一方面协调好工业化和农业产业化问题,加快发展农业产业化的龙头企业,健全农业社会化服务体系,加强农民的职业技能培训,妥善安排劳动力的就地就业和转移问题;大力培育和弘扬创业精神,并在政策、资金、技术等方面给予资助,鼓励相对落后地区的农民通过自主创业发家致富。

　　苏北地区城市化水平低,中心城市的功能不明显,严重制约了区域发展,苏北地区应发挥后发优势,借鉴苏南、苏中的发展经验,加强教育、科技投入,加大财政支农力度,推进产业结构优化升级,提高自主创新能力;推进城镇化进程,增强中心城市功能,加快农村剩余劳动力的转移。在当前及今后一段时期内,苏北地区的发展重点一是消除城市化障碍,加快中心城市建设,加强交通建设的重视程度,充分发挥中心城市作用,将科学技术、管理经验等向周边的中小城市及其相关联的区域辐射,建立横向的经济网络,形成互助、联动发展的格局。连云港作为沿海开放的城市,应发挥港口优势;徐州作为苏北最大的城市,应更加凸显中心城市的功能;盐城、淮安等城市应明确中心城市的功能定位,加快建设的步伐,尽快发挥中心城市的带动作用;二是加快农村剩余劳动力转移。2003年到2010年的8年内完成500万农民大转移和百万农民大培训工程,是苏北现阶段最大的富农强县工程。[①]政府部门应加大对劳动力培训的专项资金支出,出台劳务输出的奖励补助制度,增加该区域的资本原始积累,提高劳动者的素质及技能,培育出大批熟练劳动力,为工业化提供必要的技术条件;扩大农民的就业空间和增收渠道,鼓励引导苏北地区劳动力通过多渠道,实现由农业向工业、由乡村到城市、由北向南的有序转移,提高农民的工资性收入。

苏南、苏中、苏北三大区域在明确发展优势、确定发展重点的基础上,应着眼于整体,充分发挥合力优势。遵循市场规则,投资帮扶,实现优势互补,推动区域协调发展。江苏省委省政府把苏南支持苏北、推动区域共同发展列为五大主战略之一,并对三大区域实行分类指导,把"四项转移"(南北产业转移与合作、科技成果转移、苏北劳动力转移和财政支付转移)作为扶持苏北发展的主要着力点。苏南地区继续发挥改革开放的先导作用以及加快现代化建设进程的示范作用,发挥区位、产业分工的比较优势,加快南北产业的转移速度,以新兴产业带动产业结构的调整,以新兴产业促进经济转型,鼓励企业的跨区域合作发展,帮助发展相对落后的地区加快发展,促进区域协调发展。苏中地区要注重加强与苏南地区及上海的联系与合作,积极参与长三角产业分工,积极承接苏南地区的产业转移,注重发挥主导产业、支柱产业的优势,大力发展新兴产业,加快与苏南地区的经济一体化进程。苏北地区应发挥后发优势,以市场需求为导向,对产业存量以及资源的开发价值进行重新定位,借鉴苏南、苏中、苏北的发展经验。在政府和市场的共同推动下,通过体制、机制及技术创新,积极推进南北共建开发区,引导开发园区围绕主导产业进行整合生产和服务,促进要素向开发园区集聚,提升园区的综合实力和优势。着力培育苏北内生发展机制,推动资本及产业向苏北转

---

① 顾为东:《江苏省城乡差距现状与差距对策研究》,《宏观经济观察》2009年第2期。

移,在苏北集聚,目前,苏州与宿迁等 11 家南北共建园区共引进注册项目近 100 个,总投资 100 亿元左右,促进了当地的发展。此外,由于苏北地区的教育水平和培训相对落后,劳动力呈现数量多、技能低的特征,而苏南地区的企业大多为技术密集型企业,造成了南北结对转移劳动力的工作成效折减,因此,苏北地区应注重劳动力素质技能的提高,更好的适应苏南地区的企业需求。

(二)采取合理措施,促进各区域全面发展

1. 大力发展教育,提供人才与智力支持

在统筹城乡发展过程中,苏南、苏中、苏北的教育水平为城乡统筹提供了必要的智力支撑,只有加快发展教育,才能真正把经济社会发展转到依靠科技进步和提高劳动者素质的轨道上,教育是提高经济增长质量以及竞争力的可靠保障,地区的教育水平越高,人力资源就越充足,发展速度就越快。因此,为加快统筹城乡发展的进程,缩小区域间的发展差异,应加大对教育的投入,构建合理的教育体系,提高教育水平。

2. 提升教学水平,激发学生能动性

教师是教育的传播者,是教学活动的主体,也是素质教育的实施者,提高教师的素质及教学水平对教育的发展至关重要。一方面通过培训、再教育、绩效考核等方式,提高教师的思想素质及心理素质,提升教师的教学水平,进而提高人才培养的质量;另一方面,农村学校教学条件落后,教师福利待遇低,因此教师的流动性比较大,为此政府及教育部门应加大对农村地区的投入,提高教育经费,加大义务教育的转移支付力度,改善农村学校的办学条件,引进先进的教学设备,提高教师的福利待遇,减少教师的流动,真正地做到留住人才、用好人才。教学是双向的活动,教师是一方参与者,学生是另一方参与者。只有双方相互协作,才能推动教学的顺利进行。为此,教师要激发学生的好奇心,培养学习的兴趣,为学生营造独立思考、敢于探索的良好氛围,同时学生也要提高学习能动性,增强自主学习能力。特别是教育发展落后的苏北地区,要抓好教育体系和师资力量的建设,增加农村师资投入,壮大教师队伍,深化教育体制改革,扩大优质高中教育资源,加强幼儿及学前教育的建设,逐步普及高等教育,构建质量与特色相结合的学科专业体系,提高苏北地区教育的综合竞争力。

3. 促进教育公平

由于城乡收入差距、制度设计偏颇、政府执行不力造成教育的不公平,教育公平是社会公平的前提和基础,因此,各地应合理的配置教育资源,加大政府的转移支付力度,加强对农村地区的教育投入,加快缩小地区、城乡的教育差距。一是办好义务教育,确保所有适龄的儿童都能接受教育,为每一位公民的生存发展提供公平的起跑线,有效解决义务教育的资源配置不均衡问题,实现教育资源向薄弱学校的倾斜;二是完善助学制度,对于非义务教育阶段家庭困难的学生,政府要加大对经济困难学生的学费及生活费的资助力度,扩大奖学金、助学金的覆盖面。同时鼓励社会各界人士采取多种形式设立奖学金、助学金等助学项目;三是解决好农民工子女和留守儿童的就学问题,随着城市化进程的加快,越来越多的农村劳动力外出务工,农民工子女和留守儿童的就学问题日益突出。完善农民工子女的就学政策,使他们能够获得公平的教育机会;加强农村寄宿制学校的建设和管理,有效解决留守儿童的就学问题。

4. 推动职业教育发展

发展职业教育是推动经济增长、促进就业、改善民生、解决三农问题的根本途径,是缓解劳动力就业结构矛盾的关键环节,江苏经济社会发展面临两大转变,劳动力就业需要加强技能培训,产业转型升级需要高技工,加快发展职业教育是促进江苏快速发展亟待解决的问题。一是充分发挥政府的主导作用,将职业教育规划纳入经济社会发展规划中,将职业教育作为经济社会发展的目标,把职业教育作为推动经济社会发展的重要力量。政府政策等解决职业教育边缘化与产业转型升级带来的复合型、实用型人才的矛盾,形成系统化的职业教育法规,此外,政府应通过政策调动社会力量参与的积极性,鼓励开展民办职业教育;二是发展职业教育,调动企业的积极性,实行产教结合、校企合作的模式,各高校、职业技术学院应根据地区经济、社会发展实际,合理定位办学目标,灵活的调整专业方向和结构,为地区培养具有高技能、高素质人才;三是发展职业教育,加大投入,加强职业教育的基础能力建设,针对农村地区职业教育比较薄弱的问题,推进农村职业教育的改革,推进农村职业教育服务新农村的能力。重点加强薄弱地区的职业能力建设,特别是苏北地区,苏北的落后固然有很多的原因,但教育的落后、人才的匮乏是制约苏北发展的重因,为此苏北地区各企事业单位应营造尊重知识、尊重人才的氛围,加强员工的职业能力培训,实行产教结合,培养员工的技能水平,增强核心竞争力,采取切实有效措施吸引人才、留住人才,为苏北的经济发展提供强有力的智力与人才支撑。

(三)提升苏中和苏北地区科技、社会保障、医疗、城镇化及生活水平

加大苏中和苏北地区的科技投入,加大对农业科研的投入,培育各类农业专业技术人才,强化农业的产学研联盟,发展多元化的农业技术推广服务组织,加大对企业创新能力的投入,提高苏中、苏北的科技水平,增强科技水平对苏中、苏北发展的贡献力。构建苏中、苏北的科技创新体系,增强自主创新能力,注重知识产权的建设和保护,增强竞争力,促进苏中、苏北与苏南地区的科技协调发展。以科技创新为立足点,提升产业的发展实力,以科技支撑提升产业规模,促进产业集群;整合科技资源,苏北地区重点发展一些纺织、机械电子、木材深加工、农业装备类科技特色产业,提高产业创新综合能力,培育苏北地区的新兴产业,以提升苏北地区产业竞争力,更好的促进苏北地区协调发展。苏中地区应继续做强汽车船舶、石油化工、机械装备等主导产业,开拓新能源、新光源、新材料、智能电网、电子书(三新一网一书)等新兴产业,加快软件信息、商务物流等现代服务业,改造提升农业、玩具等传统产业。完善社会保障体系,加强社会保障立法,加大社会保障投入力度,提高居民参与社会保障的积极性,扩大社会保障的覆盖面,使苏中、苏北地区的居民能够病有所医、老有所养。居民生活质量很大程度上

取决于居民的收入水平,改善居民的收入结构,增加居民的经营性收入和工资性收入,提高居民的收入水平,提升居民的生活质量。江苏省的城镇化发展水平在苏南、苏中、苏北地区呈递减趋势,因地制宜,采取适合当地实际的发展道路,加快城镇化建设步伐,加快苏中、苏北地区的城镇化水平,缩小与苏南地区的城镇化差距。

参 考 文 献

[1] 杜茂华,刘锡荣.城乡统筹发展评价指标体系构建及其应用——以重庆市区县统筹为例[J].西南大学学报(社会科学版),2010(5)

[2] 马柯.城乡统筹发展评价体系的构建与应用[J].城市问题,2011(8)

[3] 亚当·斯密.国富论——国民财富的性质和起因的研究[M].中南大学出版社,2003

[4] 中共中央马克思恩格斯列宁斯大林著作编译局.马克思恩格斯全集[M],人民出版社,1975

[5] 宋承宪.西方经济学名著提要[M].江西人民出版社,2005(8)

[6] 马春文,张东辉.发展经济学[M].高等教育出版社,2006

[7] 吉尔伯特·罗兹曼.中国的现代化[M],江苏人民出版社,1995

[8] 刘应杰.中国城乡关系与中国农民工人[M],中国社会科学出版社,2000

[9] 孙志军,洪银兴.苏北全面建设小康社会的发展战略[M],南京大学出版社,2008

[10] 郭翔宇.统筹城乡发展的理论思考与政策建议[J].山东财经学院学报,2004(5)

[11] 刘光溪.城乡统筹与"三农"金融服务路径突破——以昆明市为重点分析案例[M].中国农业出版社,2011(7)

[12] 吴先华,王志燕,雷刚.城乡统筹发展水平评价——以山东省为例[J].经济地理,2010(4)

[13] 黄坤明.城乡一体化路径演进研究[M].科学出版社,2009(3):23

[14] 李胜会.统筹城乡关系与发展县域经济模式选择[J].农村经济,2004(11)

[15] 王冰松,杨开忠.城乡统筹发展的机理与途径——以重庆市为例[J].城市问题,2009(4)

[16] 陶应虎.城乡统筹影响因素的实证分析——以江苏省为例[J].金陵科技学院学报,2007(12)

[17] 杜茂华,杨刚.基于锡尔系数和基尼系数法的重庆城乡发展差异分析[J].经济地理,2010(5)

[18] 党双忍.制度并轨与城乡统筹[M].中国环境科学出版社,2011(4)

[19] 孙林,李岳林.南京统筹城乡发展及其与其他城市的比较[J].农业现代化研究,2004(7)

[20] 陈鸿彬.城乡统筹发展定量评价指标体系的构建[J].地域研究与开发,2007(4)

[21] 完世伟.城乡一体化评价指标体系的构建及应用——以河南省为例[J].经济经纬,2008(4)

[22] 吴永生.区域性城乡统筹的空间特征及其形成特征——以江苏省市域城乡为例[J].经济地理,2006(9)

[23] 高珊,徐元明,徐志明.城乡统筹的评估体系探讨[J].农业现代化研究,2006(7)

[24] 赵保佑,李军法,完世美.统筹城乡经济协调发展与科学评价[M].社会科学文献出版社,2009(2)

[25] 吴殿廷,王丽华等.我国各地区城乡协调发展的初步评级及预测[J].中国软科学,2007(10)

[26] 吉宏,杨太康.对我国城乡社会经济统筹发展模式的评价[J].经济问题,2006(1)

[27] 郭翔宇,颜华等.统筹城乡发展——理论、机制、对策[M].中国农业出版社,2007(4)

[28] 宜迅.城乡统筹论[D].西南财经大学,2004(4)

[29] 吴永生,张小林.江苏省城乡统筹的空间格局分析[J].地理与地理信息科学,2006(7)

[30] 漆莉莉.中部地区城乡融合度的综合评价与分析[J].江西财经大

学学报,2007(4)

[31] 贾春贵,陈秀益.河南省城乡统筹水平判别及发展模式选择[J].城乡经济,2008(4)

[32] 刘文会.马克思恩格斯城乡统筹发展思想研究[D].河北大学,2011(6)

[33] 张丽媛.毛泽东的城乡统筹思想研究[D].大连海事大学,2011(6)

[34] 王鸽.邓小平统筹城乡发展思想的探析[D].吉林大学,2011(4)

[35] 陈榕青.胡锦涛的统筹城乡发展思想研究[D].太原科技大学,2010(7)

[36] 王兰芳."城乡统筹"从何入手[J].城乡发展,2004(2)

[37] 孙自铎.实现统筹城乡发展的切入点[J].现代经济探讨,2004(4)

[38] 李胜会.统筹城乡关系与发展县域经济模式选择[J].农村经济,2004(11)

[39] 刘家强,唐代盛等.我国城乡统筹发展与结构调整的几种模式[J].专题研究,2005(1)

[40] 范海燕,李洪山.城乡互动发展模式的探讨[J].中国软科学,2005(3)

[41] 佟光霁.闭锁与破解——中国城镇化进程中的城乡协调研究[M].科学出版社,2010(11)

[42] 谭莹,张丽娟.浅谈城乡统筹发展中的制度创新[J].改革与战略,2009(4)

[43] 赵秀玲.统筹城乡发展与培育城镇文化核心竞争力[J].现代经济探讨,2010(6)

[44] 刘渝琳,邹洪箭,白艳兰.地区总收入模型、城乡经济差异及统筹发展[J].重庆工学院学报,2007(9):6—12

[45] 仇方道,熊瑾燕.江苏省城乡统筹发展水平评价与区域分异[J].国土与自然资源研究,2007(4):13—16

[46] 钱亚仙.城乡养老保障制度统筹差异探析——以宁波市为例[J].党政论坛,2010(5):38—40

［47］黄翔.重庆市城乡统筹评价及其影响因素研究［D］.重庆大学,
　　　2010(10)

［48］王怡.西部城乡经济发展差异的分析——基于面板数据的税收视
　　　角分析［J］.商场现代化,2008(1)

［49］舒连响.城乡统筹协调发展中的政府作用［D］.苏州大学,2010
　　　(10)

［50］James.C.Scott, *The Marla Economy of The Peasant*, Yale University Press,1976:78-82

［51］Potter R.B.and Tim Unwin, *The geography of urban-rural interaction In developing countries*, London and New York,1989:
　　　43-45

［52］Friedman, J, 1972, *A General Theory of Polarized Development*, New York: The Free Press.

图书在版编目(CIP)数据

江苏区域城乡统筹的模式和差异 / 吴进红著.—南京：南京大学出版社，2013.12

（江苏区域协调与发展特色研究丛书）

ISBN 978 - 7 - 305 - 11413 - 7

Ⅰ.①江… Ⅱ.①吴… Ⅲ.①城乡建设-研究-江苏省 Ⅳ.①F299.275.3

中国版本图书馆 CIP 数据核字(2013)第 090042 号

出 版 者	南京大学出版社
社 址	南京市汉口路 22 号 邮 编 210093
网 址	http://www.NjupCo.com
出 版 人	左 健
丛 书 名	江苏区域协调与发展特色研究丛书
书 名	江苏区域城乡统筹的模式和差异
著 者	吴进红
责任编辑	王日俊 王其平 编辑热线 025 - 83593947
照 排	南京紫藤制版印务中心
印 刷	常州市武进第三印刷有限公司
开 本	787×960 1/16 印张 13.25 字数 193 千
版 次	2013 年 12 月第 1 版 2013 年 12 月第 1 次印刷
ISBN	978 - 7 - 305 - 11413 - 7
定 价	30.00 元

发行热线	025 - 83594756 83686452
电子邮箱	Press@NjupCo.com
	Sales@NjupCo.com(市场部)